阿拉伯国家经贸文化丛书

巴林经贸文化

TRADE AND CULTURE ON
THE KINGDOM OF

BAHRAIN

李文庆 ◎ 编著

社会科学文献出版社
SOCIAL SCIENCES ACADEMIC PRESS (CHINA)

巴林国旗

巴林金融港

巴林风光（一）

巴林风光（二）

巴林城堡（一）

巴林城堡（二）

巴林清真寺（一）

巴林清真寺（二）

巴林工厂

巴林石油钻井

巴林航空港

巴林货币

巴林椰枣

巴林手工艺品作坊

前　言

阿拉伯国家是指以阿拉伯民族为主体所组成的国家，它们使用同一种语言——阿拉伯语，有共同的文化和风俗习惯，绝大多数人信仰伊斯兰教。有些国家虽非以阿拉伯民族为主体，但长期以来与阿拉伯国家建立了紧密的政治、经济、文化、宗教联系，并加入了阿拉伯国家联盟，因此也被称为阿拉伯国家。目前阿拉伯国家共有 22 个，大都分布在中东地区，包括阿拉伯联合酋长国、阿曼、巴林、科威特、卡塔尔、沙特阿拉伯、也门、巴勒斯坦、黎巴嫩、叙利亚、伊拉克、约旦、阿尔及利亚、埃及、利比亚、摩洛哥、突尼斯、吉布提、毛里塔尼亚、苏丹、索马里、科摩罗。阿拉伯国家总面积约 1340 万平方公里，总人口约 3.5 亿（2015 年），分别占世界的 9% 和 5%。

阿拉伯国家和地区历史悠久，处东西方要冲，具有十分重要的战略地位。中世纪以后的阿拉伯文化融汇古今东西古老文明，将其贯通传承并发扬光大，集合了东西方文明成果的阿拉伯文化包罗万象，博大精深，影响深远。它在时间上处于古希腊罗马文化与西方近代文化之间，因而起到了传承古代和近代文化、影响西方文艺复兴的作用；在空间上处于东西方文化的交汇点上，因而能够构架起东西方文化交流的桥梁。阿拉伯文化虽然只是一种古老的地域文化，但随着《古兰经》的传世和伊斯兰教的传播，经过短短几十年，这一狭小、贫瘠地域的民族文化就焕发出蓬勃的生命力，以一种全新的文化形式（阿拉伯伊斯兰文化）迅速席卷亚非大陆并进而影响世界。发源于阿拉伯半岛、以阿拉伯语和伊斯兰教为代表的阿拉伯伊斯兰文化是当今延续时间长、没有断绝的四大文化体系之一（季羡林先生语）；世界四大文明古国，阿拉伯地区占其二。创传于阿拉伯部落的伊斯兰教及其文化，传播到世界五大洲的各个角落，是 60 多个国家和人民的主要信仰，在全世界 200多个国家、超过 16 亿人口中享有崇高的地位。著名阿拉伯历史学家纳忠先生曾说："伊斯兰国家在国际事务中，正在发挥着越来越大的作用，对阿拉伯—伊斯兰文化的深入研究，已成为世界各国学者日益迫切的课题。我国正处在一个学术文化繁荣的时期，在这方面的研究工作，理应做出无愧于我国国际地位的贡献。"

中国和阿拉伯国家的友好关系源远流长，中国每一次真正意义上的对外开放，都与中阿关系取得突破性进展有紧密的联系。中国和阿拉伯国家面积约占世界陆地面积的1/6，人口占世界总人口的 1/4，推动中阿友好合作不断取得新的成果，符合中阿双方的根本利益，也有利于世界和平与发展。2014年6月5日，中国国家主席习近平在中阿合作论坛第六届部长级会议开幕式上的讲话中说："回顾中阿人民交往历史，我们就会想起陆上丝绸之路和海上香料之路。我们的祖先在大漠戈壁上'驰命走驿，不绝于时月'，在汪洋大海中'云帆高张，昼夜星驰'，走在了古代世界各民族友好交往的前列。""中阿人民在维护民族尊严、捍卫国家主权的斗争中相互支持，在探索发展道路、实现民族振兴的道路上相互帮助，在深化人文交流、繁荣民族文化的事业中相互借鉴。""经过10年发展，论坛已经成为丰富中阿关系战略内涵、推进中阿务实合作的有效抓手。共建'一带一路'是论坛发展的新机遇新起点。抓住这个机遇，才能确保现在的发展不停步，将来的发展可持续。站在这个新起点上，才能获得更大发展空间，才能激发更为持久的发展动力。"中阿合作与交流迎来了千载难逢的黄金期。2016年1月15日，在习近平主席出访沙特、埃及、伊朗前夕，中国政府发布《中国对阿拉伯国家政策文件》，这是中阿关系发展史上的里程碑。该文件的发布，不仅显示了中国对中阿关系前所未有的重视程度，更对中阿关系未来发展进行了全面规划，为中阿关系的全面发展和深入合作提供了新动力，必将推动中阿关系再上新台阶。阿拉伯国家和地区，是中国"一带一路"合作倡议走出去的核心区域，也是这一得到国际社会响应的倡议起步成功与否的关键区域。目前，中国发起并实施的"一带一路"倡议得到阿拉伯国家和地区的积极响应，这是中国在21世纪进一步深化开放布局与实现民族复兴的重大机遇。中阿经贸文化合作与交流有广阔的前景。"一带一路"是系统工程，民心相通是该工程的文化基础。从这个意义上讲，了解阿拉伯国家及其文化就很有必要。

从文化构成来看，22个阿拉伯国家分布在地中海沿岸，虽属阿拉伯伊斯兰文化圈，但由于受各民族、种族、部落的历史、地理、文化传统及政治、经济、教派等诸多复杂因素影响，文化同中有异，经贸水平参差不齐，各有其特点。从近10年中阿文化交流、经贸合作的情况和中阿友好交流的前景来看，进一步增进中阿相互之间的深入了解刻不容缓，中阿民心相通还有许多工作要做。

为了积极主动地发挥文化研究的优势，服务国家"一带一路"倡议，服务对外开放尤其是对"一带一路"核心区域的开放战略，促进中国对外经贸、文化交流事业的发展，为了推动国内对"一带一路"沿线国家的深入了解，不断提升面向阿拉伯国家的友好交流和对外开放水平，推动中国与阿拉伯国家的经贸文化交流，进一步密切彼此的关切和加强相互沟通，宁夏社会科学院回族伊斯兰教研究所（中东伊斯兰国家研究所）本着深化文化交流、增进彼此了解的目的，立足宁夏回族学、中东伊斯兰国家研究的学科优势，整合资源，以宁夏中青年学者为主，通过广泛联系、联合国内主要从事中东研究的机构和高校院所的专家学者，团结协作，共同承担了编写出版"阿拉伯国家经贸文化丛书"的任务。丛书共计22册，22个阿拉伯国家独立成册，每册10万字左右。丛书将以阿拉伯22个国家的历史、社会发展为线索和背景，图文并茂，采用厚今薄古的方式，全方位介绍当今阿拉伯国家的国情、经贸、文化、中阿交流及其习俗礼仪等各方面知识。突出科学性、知识性、现实性和可读性，为广大读者提供较为系统而全新的22个阿拉伯国家的社会文化知识，为关心并有兴趣的企业家、商人以及从事对外商贸交流的各界人士，提供翔实而可靠的知识信息。过去我们在这方面的研究基础比较薄弱，所以，这套丛书只是国内读者了解阿拉伯文化、阿拉伯国家的一个小小的窗口。今后，随着"一带一路"倡议的深入实施，这方面的成果会越来越多。希望学术界为中阿文化交流，为中阿关系的持续、健康、顺利发展而努力，奉献更多、更好、更深入全面的成果，为中国的和平发展，为世界的和平安定贡献更大的力量。这也是我们不揣浅陋，推出这套丛书的初衷。

主编　马金宝

2017 年 4 月 10 日

目　录

第一章　概况

　　巴林王国是海湾地区国土面积较小的国家，也是阿拉伯世界人口最稠密的国家之一[1]。处于东西方文明交往中的巴林，在中东地区占有重要的地位，被称为"海湾明珠"[2]。巴林在公元前 3000 年即建有城市，在两河流域古代文献中曾被称为"迪尔蒙"。公元前 1000 年腓尼基人到此，公元 7 世纪成为阿拉伯帝国的一部分，隶属于巴士拉省。从 1507 年起，巴林先后被葡萄牙、波斯帝国、英国占领和统治，1971 年 8 月 15 日宣布独立，建立君主世袭制国家。根据联合国发展署发布的 2015 年度人类发展报告，巴林的人类发展指数在 188 个国家（地区）中排名第 45 位。

　　巴林经济与文化的魅力，让巴林显得古老又年轻、传

---

[1]　Carol Ann Gillespre, *Bahrain*：*Chelsea*（House Publishers, 2002），p. 9.

[2]　杨伟国、王雁芬：《中国驻中东大使话中东：巴林》，世界知识出版社，2012，第 1 页。

统又现代，靠沙漠且面临海域的独特的地缘优势让其显得多姿多彩。巴林历史上曾以珍珠捕捞闻名，是海湾航运的重要中转站。20世纪30年代，巴林成为海湾地区最早开采石油的国家，石油与石化成为其支柱产业。巴林从20世纪70年代末开始实行自由开放的经济政策，积极推进经济多元化战略，重点发展金融、贸易、旅游和会展等产业，以减少经济对油气产业的过度依赖。目前，巴林金融服务业较发达，是海湾地区金融中心之一；工业结构较为简单，倚重炼油、石化和炼铝等部门；农业不能自给，主要依靠进口。如果说巴林在久远的古代就孕育着文明的种子，那么今天的巴林已成为一个有着现代文明的新兴国家了，在历史与现代文明的交融中，散发着极具特色的文化魅力。巴林虽然是阿拉伯国家，但是对于饮酒、女性的穿着等要求不是很严格；社会治安较好，对于外国文化比较包容，对于外国人来说是比较理想的生活之地。①

第一节　自然地理

一　地理位置

巴林王国位于波斯湾中部，是一个岛国，位于西亚地区，海湾西南部，阿拉伯半岛东北部，界于卡塔尔和沙特阿拉伯之间，距沙特阿拉伯东海岸24公里，卡塔尔西海岸

---

① 　地球在我脚下：《"画"中东：行走中东十三国》，武汉出版社，2012，第245页。

28 公里。

巴林，在阿拉伯语中意为"两海"①。据地质学家考证，巴林原是阿拉伯半岛东海岸的一部分，由于长期的地质板块和地理结构的变迁，逐渐脱离了半岛，形成了独立的岛国。巴林是一个多岛屿的国家，由 36 个大小不等的岛屿组成，面积 767 平方公里，较我国香港特别行政区面积还要小。在巴林的岛屿中，只有 6 个岛屿有人居住，它们是巴林岛（也称阿瓦利岛）、穆哈拉克岛、锡特拉岛、那宾萨利赫岛、吉达岛和乌姆纳桑岛。

巴林岛是最大的岛屿，也是巴林国的主岛，该岛面积约占国土总面积的 85%，为一海拔 30 米~60 米的石灰岩台地。该岛地势低平。地势由沿海向内地逐渐升高，南北长 48 公里，东西宽 16 公里，面积 562 平方公里。岛中央有一长 19 公里、宽 6 公里的侵蚀洼地，其中有杜汗山，海拔 137 米。巴林岛气候干旱，多泉水，北部沿海依靠泉水和泵井灌溉，种植蔬菜与农作物，包括椰枣、水果、小米、小麦等。西南海岸低地有盐沼。杜汗山山麓产石油，油田中心在阿瓦利。炼油厂设在该岛东北部，靠近首都麦纳麦。油港设在附近的锡特拉岛。穆哈拉克岛位于巴林岛的东北部，穆哈拉克是巴林第二大城市，建有巴林国际机场、船舶制造厂。一条通畅宽阔的堤道将巴林岛和穆哈拉克岛连接起来。巴林锡特拉港口建有海水淡化工厂、发电厂和石

---

① 杨伟国、王雁芬：《中国驻中东大使话中东：巴林》，世界知识出版社，2012，第 1 页。

油储备库。锡特拉岛是巴林石油公司的贮油站。最小的岛屿是位于阿瓦利和锡特拉之间的那宾萨利赫岛。巴林西北部的吉达岛和乌姆纳桑岛是游戏场所、巴林皇族的私人领地以及富人花园别墅等的所在地。卡塔尔西部的哈瓦尔岛（又译海瓦尔）一直是巴林和卡塔尔争夺的对象，实际上无人居住。

二　行政区划和经济区划

巴林王国的地图酷似一只面向东方的海马，由 36 个不同大小的岛屿组成，最大的岛是巴林岛，也叫阿瓦利岛。全国分为五个省，巴林岛上有四个省，东北部有一个与巴林岛相连的穆哈拉克岛，是巴林的第二大岛，其上有一个省。这五个省分别是首都省、北方省、中部省、南方省和穆哈拉克省。各省内又划分为若干个区，其中首都省有 6 个区，北方省有 5 个区，中部省有 5 个区，南方省有 3 个区，穆哈拉克省有 4 个区。

（一）首都省

首都省位于巴林岛东北部，是首都麦纳麦市所在地。该省面积为 37.53 平方公里，人口 32.95 万人（2010 年统计数据，下同），占全国总人口的 26.7%。该省分为 6 个区，分别是霍拉区、伊本·希纳区、阿勒拉兹区、纳伊姆区、谢赫萨巴赫·阿勒萨巴赫区和比拉德·阿勒卡蒂姆区。该省是巴林王国的政治、金融、文化、教育中心，得天独厚的地理位置使麦纳麦这个古老的城市在历史上就已经成为东西方交流的重要枢纽。麦纳麦港和萨勒曼港是巴林最为古老的港口，为上下海湾和东西大陆的物资交易发挥了巨大作用。麦纳麦是世界天然珍珠的贸易中心，也是世界重要的金融中心之一，有阿拉伯世界的"苏黎世"之称，被誉为"中东的香港"。市内有国王接受本国官员、家族成员和外国使节祝贺节日的萨海尔宫，首相府戈代比亚宫、外交部大楼及部分部委办公大楼。该省北区是国家机关、商业区和金融机构所在地；东北部经伊萨大桥可通向建有巴林国际机场的穆哈拉克岛，南部沿海有萨勒曼港；北部海湾建有巴林湾、金融港等，与瑞夫岛相连。首都麦纳麦市成立于1919年，是海湾地区建立的第一个城市，在阿拉伯语中意为"住宿之地"。麦纳麦面积为31.19平方公里，人口32.95万人，其中本国6.76万人，外籍26.19万人（占麦纳麦总人口的79.4%）。巴林独立以来，该市经过30多年的建设，已成为一座规划合理、交通便利的现代化城市。

麦纳麦东北部沿海除原来的萨勒曼港口和一些传统景观外，经持续填海拓地，建设了开发区、度假村等，金融港、巴林湾等重点项目尤为壮观。麦纳麦东部沿海建有巴林博物馆、古兰经之家、国家艺术中心、阿勒法蒂赫大清真寺、巴林国家图书馆、游艇俱乐部等。遗产古迹有巴林城堡、卡米古清真寺等。有代表性的"巴林门"老商业区是20世纪40年代在麦纳麦北部修建的通往巴林海峡的门户。到巴林的访问者一般都弃舟登岸，通过该拱门进入巴林，这里有麦纳麦古老的露天剧场和商场。

由于城市建设步伐的加快和人口的剧增，交通出现拥堵。2009 年通往各地的立交桥工程部分完工，一些路段的拥堵压力得到了有效缓解。连接巴林与沙特阿拉伯的法赫德大桥建成之后，推动了巴林与沙特阿拉伯的相互交往。不少人虽然工作在沙特，但居住在巴林。人口和车辆的剧增使麦纳麦服务业发展很快，沙特等周边国家的人们，特别是穿着黑袍的沙特妇女购物群体，将大量的商品买回去，巴林商业生意红火。

（二）北方省

北方省位于首都省的西南部，中部省的西部，面积 140.79 平方公里，人口 27.69 万人，占全国总人口的 22.4%。北方省分为 5 个区，分别是吉达夫区、卜代亚区、哈马德城、科威特区和穆罕默德·本·扎西姆·卡努区。该省西部沿海地区保存着一些古迹，如杰斯拉故居、巴尔巴尔神庙、杰斯拉手工艺中心等，这些巴林哈利法家族统治者的故居、遗产、城堡以及巴林传统手工艺制品的展示吸引了本国和外国游客参观考察。该省西北部有一座新兴高档居住区，这就是布代亚区，该区沿海而建，风光秀丽，居民区建筑风格豪华现代，居住环境幽雅舒适。该省有一座以国王名字命名的"哈马德城"，是巴林第一批"安居工程"的重点项目，是该省普通居民的重要居住地。该省南部还建有跑马场、各类赛马俱乐部等。

（三）中部省

中部省位于首都省的西南部，北方省的东部，面积 84.75 平方公里，人口 32.63 万人，占全国总人口的 26.4%。该省分为 5 个区，分别是阿里区、伊萨城区、锡特

拉区、哈马德·卡奴区和艾哈迈德·阿里·卡奴区。该省
是一个较为古老的省，这里保存着史前 3000 年以上世界最
大的"冢林"，也被称为"万冢之岛"或"死岛"①。这里
的坟山墓海延绵数一里，占地 30 多平方公里。一个个人工
土丘，横排竖列，颇为壮观。如今，部分坟山上已建筑了
房屋，形成现代别墅被坟山包围的奇特景观。这里有一个
叫阿里的地方，是巴林最为古老的陶瓷制造作坊，现在这
个制陶作坊仍然存在，政府将其作为文化遗产保护起来，
很多家庭依然在这里用原始的方式制作出各类实用的陶器。
伊萨城是密集且较为贫困的居民点，城市建设较为落后。
该省还有新建设的巴林国家体育场。

（四）南方省

南方省位于巴林岛的最南端，以沙漠和岩土为主，面
积 438.3 平方公里，人口 10.15 万人，占巴林全国总人口的
8.2%。南方省是巴林最大的省份，但人口稀少。省内分 3
个区，分别是里法区、扎阿斯科诊所区和扎拉克区。里法
区是哈利法皇室家族的居住地，建有国王宫与王后宫以及
其他重要王室成员的豪华庄园别墅，因此，里法区被称为
皇家区域或富人区。建设在扎拉克区的巴林著名高等学府
巴林大学是众人皆知的地方。该省也是重要的经济省，该
省中部地区是巴林国家炼油厂和国家石油公司所在地，沙
漠上排列着一条条输油管道，到处可见天然气厂、石化厂

---

① 杨伟国、王雁芬：《中国驻中东大使话中东：巴林》，世界知
识出版社，第 11 页。

和零散的打井机。该省有两个著名之处,一是杜汉山为巴林最高山,二是杜汉山附近于 1932 年发现了巴林第一口油井。

(五) 穆哈拉克省

穆哈拉克省位于巴林第二大岛——穆哈拉克岛上。该省面积为 56.13 平方公里,人口 18.91 万人,占巴林全国总人口的 15.3%。该省有 4 个区,分别是迪亚尔区、阿拉德区、穆哈拉克区和谢赫萨勒曼区。穆哈拉克省是巴林最早被开发的省之一。城市建设规划有序,绿化程度高,特别是巴林国际机场建设给该省带来巨大的发展契机,带动了全省经济、贸易、文化、旅游等方面的发展。经过几年建设的哈利法新海港、新物流区和客运码头已经开始运作,逐渐取代了原来的萨勒曼旧港,吞吐能力、接待船舶能力已明显提升。这里还有海湾地区最大的船坞,可为各种船舶提供维修服务。

穆哈拉克省最早为巴林的首都,分为南城和北城。南城为老城区,北城为新区。南区有古老的阿拉德城堡、希亚蒂故居和谢赫伊萨老酋长的故居、哈德老港、易卜拉欣文化遗产村、马塔尔博物馆等。北城有巴林国际机场、阿穆瓦吉岛的新居民区、新工业园区、迪亚尔新区等。该省城市建设前卫、现代,海水被引进市区,形成城中有水、水中有城,城市建筑、公园、水路融为一体的美丽的休闲景观。

三 地形地势

巴林岛地势由沿海向内地逐渐升高,其海拔最高点为

137米。巴林岛地形大部分是较低的沙漠平原，到中部缓慢抬升为低平的断崖，还有部分是由粗糙石灰岩组成的石山和沙地。在巴林岛中部高耸着杜汉山，意思是"烟之山"，该山的周围经常有薄雾状的云雾环绕，石油井大都位于此山附近。巴林的其他岛屿也仅略高出海平面，地形以沙漠为主。

四　气候

巴林属于热带沙漠气候，通常情况下，冬天凉爽，气温能降到10~15℃，有雨；夏天炎热，湿度很高，气温能达到47℃以上。其气候特征之一为春秋两季短，冬夏两季长，其中1~4月、11~12月气候舒适宜人。特征之二是岛内气候温差变化较大，每年4月到10月为夏季，气候炎热，气温接近40℃。6月和7月，巴林最高气温达52℃。巴林冬季气温为10~20℃，较为舒适。巴林年均降雨量不多，农业灌溉依赖于自流泉。巴林岛在夏天经常有来自西南部的闷热、干燥的季风，但在6月偶尔也有一丝凉风光临，为巴林增添一丝快意，这是因为从9月到次年3月，巴林地区刮起的夏马尔风（中亚地区及海湾一带的一种寒冷的西北风）将潮湿的空气从东南部带到岛上。

第二节　自然资源

一　水资源

巴林地下蓄水层蕴藏着丰富的淡水资源，几千年来，巴林一直是印度和其他国家船只淡水资源的补充基地。巴林有大量的泉眼，特别是麦纳麦市地下水资源极为丰富，汩汩涌出的泉水形成片片小湖和条条溪流，这也形成了一大景观，如著名的"处女泉"就位于首都麦纳麦附近，使这个岛国的景色格外优美。巴林的地下水主要用于土地灌溉和居民饮用，当地居民喜欢汲取泉水直接饮用，巴林的泉水还有治疗皮肤病的医疗价值。但随着淡水层的下降，海水逐渐倒灌并渗透到淡水层，导致巴林岛农业灌溉用水和生活用水出现紧张。为解决这一问题，巴林引进新技术，修建了许多脱盐和海水淡化工厂。随着生活水平的提高和生活方式的改变，巴林用水量不断增加，巴林水电部负责人呼吁国民节约用水，保护有限的水资源，以保证社会经济的可持续发展。

二 耕地资源和主要植物、农产品

巴林王国可耕地面积 1.1 万公顷，约占全国总面积的 14%，实际种植面积 4766 公顷。巴林热带沙漠气候决定了其国内动物和植物的类型，这里生长的植物具有耐干旱、耐盐碱的特点。巴林北部海岸生长有椰枣树、杏仁树、无花果树和石榴树。巴林从事农业的人口不足 7000 人，主要农产品有水果、蔬菜、家禽、海产品等，粮食主要依靠进口。

三 动物资源

巴林岛上有羚羊、蝎子、蛇、野兔和刺猬等动物。巴林岛鸟类繁多、品种各异，大多是从海湾其他地区迁移来的季节性候鸟。

四 矿产资源

巴林已探明石油储量 2055 万吨，天然气储量 1182 亿立方米，其他资源较贫乏。地质史研究表明，巴林曾经是印度洋底部的一部分。后经地质结构沧海桑田般的变迁，海湾中部逐渐凸现出巴林诸岛。也有地质学家认为，巴林诸岛曾经是阿拉伯半岛的一部分，由于大陆不稳定的漂移和强地震的冲击，巴林群岛才呈现当前的形态风貌。1902 年，专家就预测巴林拥有蕴藏石油的地质条件。1932 年，巴林第一口油井开始喷油，巴林也是海湾地区最早开采石油的国家。与中东其他国家相比，巴林的石油、天然气储量较少。在世界部分国家石油储量排名中，巴林位列第 66。巴林王国主要产业为石油和天然气开采、炼油业，为应对石油、天然气资源枯竭的问题，巴林政府将资金投入石油化工产业以及铝制品加工和船舶维修等。

第三节 人口与语言

一 巴林人口发展特点

据世界卫生组织统计，2015 年巴林人口为 131.4 万人，其中本国人口约占人口总数的 48%，外籍人口约占人口总数的 51%。外籍人口主要来自印度、巴基斯坦、孟加拉国、伊朗、菲律宾和阿曼。巴林华人约 2000 人，主要居住在首都麦纳麦等地。

（一）城乡人口界限模糊

巴林区域小，短距离的连接、交通和运输设施的改善、市场体系的整合使巴林成为由一系列小村庄连接起来的大都市，巴林城市和乡村的界限变得日益模糊。这些村庄在历史上是农业中心，位于阿瓦利海岸北部和西北部地区。村庄居民中文盲较多，识字率比其他国家和地区的居民都低，这些居民大多说阿拉伯方言。

（二）人口以城市为中心聚集

20 世纪 30 年代中期，杜汉山北部的阿瓦利等石油生产区扩大为城镇，人口以此为中心发展起来。20 世纪 50 年代末到 70 年代，巴林有 80% 的人口生活在城市。巴林是城市化程度很高的国家，目前有 90% 居民住在城市，麦纳麦和穆哈拉克人口数占全国总人口数的 40% 左右。

（三）巴林人口主要集中于三个社区

巴林人口集中居住的社区为贝都因社区、里法社区和阿里社区三个社区。这些社区建于 19 世纪中期到 20 世纪 70 年代中期。由于许多王公贵族到这里定居，于是政治中心从麦纳麦转移到贝都因社区、里法社区及其周围地区。阿拉伯海湾大学和警察训练学院均位于这些社区内。

（四）巴林人口年龄结构较为合理

巴林人口中 15 岁以下的人口占 28%，16~64 岁劳动年龄人口占 47%，65 岁以上的人口占 25%，巴林人口年龄结构较为合理，劳动年龄人口比重较高，为经济发展提供了较为充足的劳动力。

二 巴林外籍人口

巴林的外籍人口占总人口的一半以上。20 世纪 80 年代到 90 年代,巴林人口迅速增加,主要原因是来自南亚地区的外籍工人的大量涌入。1986 年,人口增长率高达 7.3%。1971 年,来自南亚地区的移民数占移民总数的三分之一,占雇佣人口数的四分之一。1977 年,印度、巴基斯坦和南亚其他国家的移民数已占巴林移民人口数的三分之二。此外,阿曼、伊朗、伊拉克和其他国家的移民也占较大份额。1981 年,越来越多的泰国和菲律宾劳工来到巴林,之后,英国人和美国人也进入巴林。1991~2003 年,由于巴林政府实行巴林化的经济发展战略,人口增长率降到 3.1%。

巴林的外籍人口数 1965 年占国家总人口数的 21%,1976 年占 24%,1981 年增加到 32%,到 2010 年达到 49%,约有 60.27 万人。外籍人口持续增加的主要原因是巴林就业容易,需要大量的劳动力(主要是工人、服务人员和专业技术人员)。从国际标准来衡量,巴林外来移民人口比例似乎很高,但从海湾地区标准来看,属于低比例的行列。

巴林外籍人从事的职业多样化,主要在巴林私有部门工作,从事制造业、建筑业和服务业,也有部分外籍人在国有企业工作,主要从事管理和技术性质的工作。1971 年,国有部门雇用 3900 名非巴林籍人,占工人总数的 27%。10 年后,在国有企业工作的外籍人增加到 13100 人,占工人总数的38%。20世纪80年代初，这一数字开始下降。20世纪90年代初，海湾国家提出"劳动就业本地化"的口号。2007年，巴林和沙特还提出将外籍劳工的居住期限限制在6年之内，但这一建议未能实施。主要原因是海湾国家对外籍劳工的依赖性太高，尤其是私营企业和家政服务很难摆脱低工资的外籍劳工。直至今日，大量的外籍劳工从事着本地人不愿意干的脏、累、危险的工作。在巴林的各个行业，尤其是建筑业、酒店服务业、家政服务业等几乎都是外籍人的影子。一些本地有钱人家的厨师、园丁、保姆、清洁工、司机等都是外籍人。

三　语言

官方语言为阿拉伯语。在这个国家英语极为普及，日常生活和工作中即使不懂阿拉伯语也没有任何问题。另外，由于波斯系的巴林人比较多，所以在巴林懂波斯语的人也不少，还有一些人使用乌尔都语。

第四节　历史沿革

从巴林国家博物馆的历史展出可以看出，巴林公元前3000年即建有城市，公元前1000年腓尼基人到此，公元7世纪成为阿拉伯帝国巴士拉省的一部分，1507～1602年被葡萄牙人占领，1602～1782年处于波斯帝国的统治之下，1783年赶走波斯人，宣布独立。1820年英国人入侵，强迫其签订波斯湾总和平条约。1880年和1892年英国又先后迫使其签订政治、军事条约，成为英国的保护国。1933 年英国攫取了巴林石油开采权。1957 年 11 月，英政府声明巴林是"英国保护下的独立酋长国"。1971 年 3 月英国宣布，英同波斯湾诸酋长国签订的所有条约在同年年底终止。1971 年 8 月 15 日巴林宣告独立并建立巴林国。2002 年 2 月 14 日，巴林酋长国改国名为"巴林王国"，国家元首埃米尔改称为国王。

一 石器时代至提络斯时期（公元前 5000 年~公元 622 年）

巴林博物馆第一部分展出的是石器和迪尔蒙时代（公元前 5000 年~公元前 330 年）的出土文物。石器和迪尔蒙时代最有代表性的分别为万冢之岛和迪尔蒙文明。

（一）万冢之岛

历史上的巴林一直是海湾地区居民埋葬亲友的坟地，是史前时期世界上最大的冢林，这些坟林墓海分布在巴林岛北部，位于首都麦纳麦以西，绵延数十里，占地 30 多平方公里，巴林因此被称为"万冢之岛"或"死岛"。

（二）迪尔蒙文明

巴林因独特的商业贸易中转站地位，而成为中东商业中心。两河流域地区缺乏铜和木材等资源，因此居住在那里的苏美尔人必须经过海湾才能到达阿拉伯半岛和印度河流域（现在的巴基斯坦），通过贸易获得商品。因此，商路沿线一些城市发展成为贸易中心和淡水补给站。公元前 4000 年，位于巴林的迪尔蒙成为古代城市中最重要的贸易中心。"迪尔蒙文明"是海湾地区出现的早期文明之一。公元前3000年，迪尔蒙发展成为古代世界的贸易中心之一。公元前2000年，迪尔蒙达到鼎盛时期，范围扩大到科威特和沙特阿拉伯东部地区。

2005年，该地区被列入《世界文化遗产目录》。

（三）提络斯时期

提络斯是迪尔蒙地区希腊文的名字，这一时期为公元前330年至公元622年。基于当时希腊、罗马帝国、波斯帝国以及后来的萨珊王朝对巴林北部、东部地区的统治，巴林北部与亚洲地区一度隔断联系，希腊文化对该地区的影响加大，使巴林北部地区十分繁荣，特别是卡拉特古堡城市的出现成为这一时期文明进步的重要标志。

二 伊斯兰教传入巴林

公元7世纪，阿拉伯半岛产生了伊斯兰教，巴林由于与伊斯兰教发源地麦加和麦地那相距不远，成为较早接受伊斯兰教的地区。公元629年，先知穆罕默德向当时的巴林酋长塔米米发出了一封信，请他的臣民接受伊斯兰教。先知穆罕默德的代表——一个叫阿拉的人，他在岛民中进行伊斯兰教的宣传活动。巴林社会的下层民众对加入伊斯兰教产生兴趣，但上层显贵进行抵制。622年，阿拉率领信教岛民击败了部落显贵的抵抗，进占巴林岛。几个月后，在波斯的帮助下，巴林地方显贵起来反抗。艾卜·伯克尔哈里发（632~634年在位）派大军于633年占领巴林，巴林被纳入了伊斯兰教的怀抱，此后的巴林成为阿拉伯帝国抵御波斯帝国的堡垒。在伍麦叶王朝（661～750 年）统治时期，巴林成为阿拉伯帝国的一个省。公元 750 年，阿拔斯王朝（750～1258 年）掌握了政权，定都巴格达，史料记载巴林当时以绿洲繁茂而闻名于世，当时的巴林居民以种植椰枣树为生。现存巴林的海湾地区最为古老的哈米斯清真寺和巴林古老清真寺贾马拉清真寺就是当时历史的见证。

三　卡尔马特国家和外部入侵

（一）卡尔马特国家

卡尔马特是伊斯兰玛仪教派的秘密会社，它们主张平等与博爱、财产公有和社会福利平等，反对阿拔斯王朝在巴林的统治。894 年，卡尔马特教民在巴林举行起义，驱逐总督，宣布巴林脱离阿拉伯帝国独立。10 世纪初，巴林形成了卡尔马特国家。10 世纪下半叶，卡尔马特国家进入鼎盛时期。988 年，白益王朝征服了巴林部分地区。1057～1058 年，效忠塞尔柱帝国的卡伊穆哈里发派大军进攻卡尔马特，卡尔马特国家灭亡。

（二）外部入侵

卡尔马特国家灭亡后，巴林成为阿拔斯王朝的一个省。13 世纪初，海湾部落发生内讧，格什姆岛的酋长乘机侵占巴林群岛，一直到 1229 年。1235 年，法尔斯的摄政王阿布·贝克尔·伊本·赛义德（1230～1260 年）利用阿拔斯王朝抵御蒙古大军之际，占领巴林群岛，巴林成为法尔斯的一部分，一直到 1253 年。

蒙古国征服波斯后，蒙古骑兵长驱直入，一直到达以霍尔木兹国为中心的阿拉伯酋长国地区，霍尔木兹国居民英勇抗战，蒙古铁骑的脚步被阻止。14 世纪初，霍尔木兹国的统治者走上了对外征伐的道路。1320 年，库特布丁酋长统率强大的舰队进入海湾，占领巴林，巴林成为霍尔木兹国的一个省。14、15 世纪巴林地区居民大规模起义不断，15 世纪初，霍尔木兹国出现政治、经济危机，巴林居民再次起义。15 世纪 70 年代，巴林脱离霍尔木兹国。1475 年，巴林酋长国独立。1487 年，阿曼苏丹国占领巴林，一直到16 世纪初。

　　1507 年，游弋在世界各地的葡萄牙船舰出现在海湾附近，霍尔木兹图朗酋长成为葡萄牙的傀儡。葡萄牙以图朗酋长的名义控制了整个海湾，并在巴林建造海军基地。1521 年，在奥斯曼帝国的煽动下，巴林岛上爆发了反对葡萄牙的起义，起义者杀死葡萄牙守军，摧毁军事防御工事。霍尔木兹总督耶古·洛佩施·塞凯拉派遣了以安东尼乌·科勒阿为首的讨伐部队，付出极大的代价才击溃了起义者，占领了巴林的主要据点。1522 年，起义者强渡巴林岛，对葡军发起进攻，葡军被击溃，葡萄牙籍的巴林新总督被处以绞刑，侯赛因酋长成为巴林统治者。16 世纪 20 年代末，巴林又成为葡萄牙的殖民地。1529 年，巴林爆发武装起义。印度洋地区葡属舰队镇压巴林起义者，但巴林军队十分顽强，在葡萄牙援助舰队到达后，巴林地区突然蔓延瘟疫，双方损失惨重。由于原本支持巴林起义者的奥斯曼帝国的出卖，巴林起义最终在 1534 年失败。

　　此后的 50 年，巴林成为葡萄牙在海湾地区开拓殖民地的据点。16 世纪末，海湾地区的地缘政治格局发生了重大变化，一是奥斯曼人试图夺回巴林据点，二是波斯公开侵犯霍尔木兹国，三是英国和荷兰在中东崛起，四是葡萄牙本身在 1580 年成为"西班牙虏臣"。在此背景下，葡萄牙在巴林的统治走到了尽头，17 世纪初，葡萄牙人失去了巴林群岛。17 世纪 40 年代，葡萄牙战舰离开了海湾水域。

（三）波斯对巴林的三次占领

16~17 世纪，阿拔斯一世（1587~1629 年）统治下的萨法维王朝在中东大地上崛起。1602 年，波斯军队占领巴林。波斯对巴林经济发展不感兴趣，而看重在巴林岛建立海军基地，这引起巴林境内阿拉伯人和波斯人的矛盾，巴林人又掀起了反波斯的起义。1636 年，波斯军队镇压了巴林的民族运动。18 世纪初，阿曼苏丹国崛起于阿拉伯半岛南部。1717 年底，阿曼人渡过海峡在巴林群岛登陆，波斯守军被消灭，巴林成为阿曼苏丹国的一部分。

1736 年，波斯派出强大舰队使巴林岛的阿曼人不战而降，波斯再次统治巴林。1743 年，伊土战争再起，波斯忙于战事，无暇顾及阿拉伯半岛。1744 年，波斯军队被赶出巴林。在此后的十余年间，巴林岛上一直存在一个独立的酋长国。18 世纪 50 年代，波斯再次对海湾地区发动进攻，并占领巴林。1783 年，波斯第三次被赶出巴林群岛。

四　哈利法家族统治巴林

（一）哈利法家族进入巴林

巴林博物馆展出了自 18 世纪以来哈利法家族统治巴林

的情况，介绍了哈利法家族的家谱、历任统治者的基本情况，陈列着一些历史文件。1716年，阿特班部落的阿拉伯人建立了科威特渔村，后来发展为商港。18世纪60年代，东印度公司在这里设立商站。1765年，萨巴赫家族在科威特建立酋长国。与此同时，哈利德部落的阿拉伯人将哈萨海岸的大部分地区和卡塔尔半岛连接在一起，建立了卡塔尔酋长国。1766年，科威特阿拉伯人阿特班部落中的一个分支，进入卡塔尔半岛。1776年，哈利法家族的穆罕默德酋长同布什尔总督以及波斯驻海湾司令就占据巴林进行谈判。这位酋长要求得到巴林总督的职位，交换条件是每年交纳大宗税款。1780年，穆罕默德酋长试图占领巴林，派其兄艾哈迈德率军登陆巴林岛。1783年，哈利法家族占领了巴林岛，波斯人被驱逐。艾哈默德成为巴林的统治者（1782~1796年在位），他是巴林哈利法家族的始祖，该家族统治巴林直到现在。

（二）巴林沦为英国的保护国

19世纪初，作为东西方经济交往重要枢纽的海湾，被英国看作印度防卫体系中的重要环节。1818~1819年，英国军舰开始对海湾岛屿（包括巴林）进行海上封锁。1818年11月，英国驻印度殖民政府对阿拉伯半岛酋长国发动进攻。1819年12月，英国军队摧毁了阿拉伯半岛东部沿岸酋长国的抵抗。1820年1月，英国指挥官和哈伊马角的酋长签订"总和平协定"，内容包括制止海盗活动、鼓励自由贸易等条款。1861年，英国与巴林签署了"英国巴林专约"，确认了巴林对英国的依赖关系。1871年，英国正式宣布巴林成为英国保护国。

五　现代文明

巴林博物馆用大量实物、图片、场景再现了巴林的现代文明,巴林石油博物馆展示了巴林发现石油的第一口井以及巴林石油公司的相关资料。

(一) 第一次世界大战前后的巴林

19世纪末20世纪初,德国在中东的势力有后来居上之势。为了保住自己在海湾地区的霸主地位,1903年英国派军舰访问麦纳麦等城市,并宣布海湾地区为"英国内湖"。1904年底,巴林地区出现民众反英骚乱,巴林酋长得到了海湾一些酋长国的支持,发动武装起义。英国向巴林派来军队,起义被平息,英国加强了对巴林的控制,驻麦纳麦的政治代表升格为英国正式代表,有权决定巴林的内外政策。1913年,英国又在巴林实行英属印度的民法典、刑法典以及领事裁判权制度。1914年6月,第一次世界大战爆发,英国向巴林派兵,巴林成为英国在海湾的前沿阵地。第一次世界大战以后,巴林成为英国势力范围。

(二) 巴林发现石油

20世纪初,海湾地区出现"石油热",1908年5月26日,波斯的马斯杰德萨勒曼地区发现了海湾沿岸的第一口喷油油井。1929年1月11日,加利福尼亚美孚公司成立了子公司——巴林石油公司,1930年6月巴林石油公司与巴林统治者签订了一份为期69年的石油租让权协定,其可以在巴林2/3领土上勘探和开采石油。

1932 年，巴林岛上第一口油井开始喷油，随后陆续发现了 16 口油井，巴林石油公司开始提炼石油。1934 年 12 月，第一艘巴林油船驶出海湾。20 世纪 40 年代初，海湾石油大部分在巴林石油公司炼油厂里加工。

（三）第二次世界大战的影响

第二次世界大战期间，伊朗以维护本国安全为名对巴林展开攻势。1941 年 7 月，巴林政府在英国和苏联进驻伊朗以前，逮捕了约 150 名伊朗籍居民，将他们驱逐出境。1943 年初，巴林石油公司扩大了炼油厂生产规模。第二次世界大战末期，巴林政府财政收入增加，其中 60% 的收入来自石油。第二次世界大战后，巴林商业繁荣。

第五节 政治制度

巴林是君主世袭制国家，宪法规定"政权体制建于立法权、行政权、司法权分离并相互合作基础之上"；"立法权由国王与国民议会掌握；国王和内阁及各部大臣掌握行政权；以国王的名义颁发法律条令"。

一 国名、国旗、国徽、国歌与首都

（一）国名

1971 年 8 月 15 日，巴林酋长国宣布独立。8 月 16 日改称"巴林国"。2002 年 2 月 14 日，巴林进行国体和政体改革，巴林国更名为"巴林王国"。

（二）国旗

1783 年，巴林人赶走波斯人后，宣布独立。独立后的国旗为一面红旗。1820 年，英国人入侵巴林，强迫其签订《波斯湾总和平条约》。条约中规定："友好的阿拉伯人在陆、海应使用红色的旗帜，旗上可根据各自的选择绘制或不绘制字母，但字母必须绘制在旗帜的白边上。"根据这一规定，巴林又在原来的红色国旗左边加了一道白色竖宽条。1932 年，为区别其他海湾国家的国旗，巴林将国旗中白色与红色交接处改为细密的锯齿形。1972 年巴林独立后启用新国旗，将原来红白交接处的锯齿形改为 8 个，代表 8 个部族。2002 年 2 月 1～日，巴林国改制为"巴林王国"，国家元首埃米尔改称国王。国旗的锯齿减为五个，象征伊斯兰教徒终身必须遵守的五大功课。目前巴林国旗呈横长方形，长和宽的比例约为 5∶3。旗面由红、白两色锯齿交错。白色在上，靠旗杆，代表和平，红色代表英勇战斗。

（三）国徽

巴林国徽为盾形。盾面为竖立的国旗图案，上部为白色，下部为红色。盾徽周围以红白花冠装饰。国旗图案由时任巴林酋长的政治顾问查尔斯·贝尔格瑞夫设计。国徽顶端曾经绘有一顶象征王室权威的王冠，现已取消。

（四）国歌

巴林国歌过去没有歌词，只有 7 小节的号角之音，曾被称为是世界上最短的国歌。2002 年，哈马德国王政改时，修改国旗，同时制定新国歌。现国歌名称为"我们的巴林"，由穆罕默德·苏德其·阿雅士作词。歌词大意是：我们的巴林!平安的国度,好客的民族,受我们智勇的国王保护,在正义与和平的真谛上立足。巴林王国永存万古。

(五) 首都

巴林王国的首都为麦纳麦。

二 国体与政体

(一) 巴林国体

在殖民地时期,英国通过政治代理人间接统治巴林。巴林的直接统治者是酋长,酋长一般实行世袭制,但新酋长必须得到英国政府的承认。酋长拥有全部的行政、立法、司法权力,国家一切权力属于酋长。

20世纪30年代,巴林对行政管理制度进行改革。1931年,巴林成立教育委员会。此后又陆续建立起卫生、公益事业以及教育与劳工部门等若干专门委员会。巴林的一些重要部门由英国技术专家控制,其他部门由哈利法家族的阿拉伯人掌管。巴林设有一个由英国人担任秘书的秘书处,负责定期发布预算、协调政府各部门的关系,联络巴林政府与英国政治代理人。

1956年2月,巴林成立最高行政委员会,负责指导警察、公安、司法、土地使用、民事案件等部门和专门委员会的工作,监督城市的市政局和村社委员会。最高行政委员会成员共10人,由酋长亲自指定,其中7人(包括委员会主席在内)为统治家族成员,其他3人则从政府官员中挑选。

1970年巴林成立由12名成员组成的国务委员会,以代替以前最高行政委员会行使行政权和立法权。1972年选出制宪议会，1973年成立国民议会，后被解散。现任国王继位后，决定恢复民三。2002年10月，巴林成立由协商会议和众议院组成的两院制国民议会。两院议员任期均为4年，届满可连任。

1971年8月15日，巴林宣告独立。巴林酋长国改为巴林国，伊萨·本·萨勒曼·哈利法将国家元首的称谓改为埃米尔，同年12月16日登基，成为巴林独立后的开国君主，这一天被定为巴林国庆日。巴林禁止组织政党或集会结社。

（二）巴林政体

巴林政体的突出特点是国家元首实行世袭的长子继承制，巴林宪法规定，巴林的统治实行世袭制，伊萨·本·萨勒曼·哈利法将统治权传给他的长子，如此世代相传。但是，如果国王以继位诏令指定另一儿子为继承人，则情况例外。巴林由哈利法家族进行统治。这一制度化的继承结构有利于限制王室内部争权夺利，以实现政治权力的平稳过渡。自独立以来，哈利法家族一直统治着巴林。哈利法家族成员占据内阁职位一半以上。除中央一级外，巴林4个自治市、2个农村目治区委员会，成员一半由选举产生，另一半则由王室控制。

巴林宪法规定，巴林立法权属于国王与国民议会，行政权属于国王、内阁和各部大臣，司法审判权由法院以国王的名义实行。巴林武装部队总兵力11800人，其中陆军8500人，海军1000人，空军1500人，国民卫队等其他人员 800 人。另有半军事化部队约 9250 人，其中警察 9000 人，海岸警卫队 250 人。它们都由埃米尔领导，国王是国防军最高统帅。

巴林行政权属于内阁。巴林宪法第 85 条规定，内阁主管国家各部，为国家制定、执行政策，监督政府各部门的工作。首相为内阁之首，执行内阁的决定，协调各部工作。内阁大臣分管各部事务。宪法还特别规定，在任期内的大臣不得兼任其他公职或从事工业、商业、金融业等政府以外的职业。内阁会议由国王主持，内阁决议需由国王批准，颁布诏令。

巴林与海湾其他国家一样，并没有走西方化和世俗化道路，而是传承着阿拉伯—伊斯兰的文化方式、信仰体系和生活习惯。伊斯兰教与国家政权相结合，成为巴林实行统治的思想武器。巴林宪法第 2 条规定，伊斯兰教为国教，"伊斯兰教律为立法之主要源泉"。宪法第 5 条第 1 款规定，家庭为社会之基础，其力量在于宗教、道德和爱国主义。第 6 条规定巴林保护阿拉伯和伊斯兰文化遗产，致力于加强伊斯兰国家的联系并致力于阿拉伯民族统一和进步。执掌国家政权的哈利法家族属逊尼派。什叶派一般为土著居民，多以耕种农业为主。巴林不是实行政教分离的世俗君主制国家，不仅伊斯兰教是国家政治生活的一部分，而且由于世俗的法律不健全，社会生活中的某些领域仍实行伊斯兰教法。

（三）巴林宪法

巴林独立后第一部宪法于 1973 年 6 月 2 日颁布，同年

12 月开始生效。2000 年 11 月，哈马德埃米尔发表敕令，成立宪章全国最高制定委员会，负责制定民族宪章。2001 年 2 月，巴林举行全国投票，通过了《民族行动宪章》。2002 年 2 月 14 日，颁布新宪法，改国体为王国制，修改国旗，确定新国歌，埃米尔改称国王。解散协商会议，设立两院制议会，加强司法独立，实行三权分立。

巴林独立后即成立制宪会议，由 42 人组成，着手制定宪法，包括秘密投票选出的 22 人、另选的 8 人以及内阁大臣 12 名。制宪会议每周召开两次，从 1972 年 12 月 16 日到 1973 年 6 月 9 日共举行了 45 次会议。1973 年 6 月 2 日，新宪法获得批准，12 月正式颁布。2002 年 2 月 14 日巴林通过新宪法，巴林 2002 年宪法包括六章：前言；第一部分，国家；第二部分，社会的基本要素；第三部分，公共权利和义务；第四部分，权力机构；总则。宪法对巴林的国家性质与政府制度做出了明确的规定，它界定了国家机构的职能，奠定了国家基本政治、法律制度的基础。

（四）国家元首

巴林国王哈马德·本·伊萨·阿勒哈利法，1999 年 3 月 6 日即位埃米尔，2002 年 2 月 14 日改称国王。巴林为君主世袭制王国，国家元首由哈利法家族世袭，掌握政治、经济和军事大权。1999 年，哈马德继任埃米尔，政权平稳过渡。2002 年 2 月前巴林国名为"巴林国"，哈马德登基后，进行政治体制改革，国名改为"巴林王国"，埃米尔改称国王。1971 年 8 月 15 日为独立日，12 月 16 日为国庆日。首都麦纳麦。

巴林自独立以来，哈利法家族成为政治精英的核心力量。国王为国家元首兼国防军最高统帅，有权任免首相、内阁成员、协商会议议员和决定议会开会日期及解散议会。

2002年2月，巴林由一个绝对君主制国家变为君主立宪制国家。同年10月，巴林恢复议会，议会可以审议与批准法令，标志着巴林在政治民主化道路上迈出了革命性一步。巴林新宪法认为：国王是"不可侵犯的"；其继承人实行子承父业的原则。国王有权任命和罢免首相与部长，可以批准和颁布法律制度，任命与解除协商会议成员、法官、高级司法委员会主席以及新宪法法院成员的权力。他批准并保证宪法与法律的执行，有权修改宪法，这一规定在1973年宪法中没有提及。宪法还规定下议院或者协商会议的15个成员有权修改宪法。此外，旧宪法给予统治者解散国民议会的权力，但新宪法并没有明确说明国王有此特权。

（五）巴林内阁

20世纪80年代，巴林的统治结构仍没有多大变化。哈利法家族的内部事务由一个委员会管理，其头目是哈利法家族的成员。该委员会由埃米尔主持，监督每月津贴和其他经济收益的分配，通过将津贴分发到各个家族，预防了内部的矛盾与家族内讧，防止统治集团分裂。巴林政府中的重要职位，包括内务大臣、国防大臣和外交大臣都控制在哈利法家族的手里。1997年，巴林建立了与沙特阿拉伯相似的国民卫队，增加了警察和军队的数量，增强了统治家族的权威。

三 国家机构

（一）劳工立法顾问委员会

1955 年 4 月，巴林成立劳工立法顾问委员会，委员会的 9 名成员由埃米尔直接任命，其职责是对劳工法进行合理、准确的解释，维护劳工的基本权益。该委员会由前埃米尔的堂兄阿里·本·穆罕默德负责，成员包括 2 个哈利法家族成员、1 个英国顾问、3 个当地石油企业代表、3 个工人代表。

（二）行政委员会

1956 年 3 月，经由埃米尔颁布，巴林成立了行政委员会。委员会包括 11 位成员，即主席、哈利法家族的 6 名成员、劳工立法顾问委员会的英国顾问、3 名商人。在随后的 14 年间，委员会的行政机构逐渐膨胀，扩大到 21 个部，级别相等，各部领导向埃米尔直接负责，最重要的部为劳工和社会事务部。根据 1957 年修改的劳工立法和 1959 年相关法律，委员会有批准建立劳工组织的权力。

20 世纪 60 年代中期，巴林政府对国内事务的控制范围日益扩大。1963 年 11 月 16 日，巴林统治者发起了第一次政府计划投资的社区发展项目。1964 年 7 月后，行政委员会颁布了"个人法"，委员会共有 12 名成员。1965 年 4 月 22 日，埃米尔颁布了 3 个法令，形成公共安全法案，这些法案授权统治者可以无限期地维持国家紧急状态。

（三）最高人力资源委员会

1975 年 7 月中旬，巴林通过全国劳工法，禁止劳工在国内罢工和集会。一周以后，法律正式颁布。随后，巴林成立了最高人力资源委员会，其职责就是为卫生、商业、教育、发展和工业部提供"中央社会项目"。委员会宣布公司职员超过 200 人，必须通知劳工和社会事务部，接受非巴林籍职员必须获得该部门的同意。

（四）国务委员会

1970 年 1 月，巴林组成咨询性质的 12 人国务委员会代替行政委员会。国务委员会在两个方面不同于原行政委员会。第一，机构等级分明。11 个行政部门领导以及委员会的法律顾问向委员会主席负责，而不对埃米尔直接负责。第二，以前的小部门被合并到大部门。警察和移民部合并成为新的综合安全部，财政、石油、住房、关税和港口部合并成立财政和国家经济部。

国务委员会采取的第一项措施是在 1971 年 1 月成立人力资源委员会，以负责人力资源的培训与调拨。委员会成员来自财政和国家经济部、劳工和社会事务部以及教育、卫生、国防和综合安全等部门。委员会每两年召开一次会议，到 1973 年，这一机构实际上已经形同虚设，在实际生活中并没有起到什么作用。

四 协商会议与众议院

1970 年巴林组成了一个咨询性质的国务委员会，负责内政和外交事务。1972 年又组成了制宪会议，1973 年经选举成立了巴林国民议会。国民议会是巴林的立法机构，未经国民议会通过和国王批准，不得颁布法律。巴林选举法规定，国民议会议员按秘密投票方式选举产生。从第二届议会开始，选举的议员总额由 30 人增为 40 人，凡年满 30 岁、通晓阿拉伯语、履行过选民登记手续、未被勒令暂停行使选举权，原系巴林公民，都有资格当选议员。

国民议会每年召开一次常会，会期不少于 8 个月。议会每届 4 年，任期届满的议员可重新当选。议会设议长、副议长、秘书各一人。宪法规定，国民议会议员不得干涉司法部门和行政部门工作。1973 年 12 月，巴林举行第一届国民议会会议，由 30 名当选议员与 14 名内阁成员组成，其中 21 名为民族主义左翼议员。他们提出了允许成立工会，将大公司收归国有等主张。1974 年 10 月内阁颁布《国家安全法》，国民议会不予认可。1975 年，内阁全体成员被迫辞职。为此，时任埃米尔伊萨宣布无限期解散国民议会，并将左翼领袖逮捕，由内阁行使立法权。

20 世纪 90 年代以来，巴林政治民主出现了扩大的迹象。1996 年末，协商会议被授予讨论政府政策的权力。2001 年 2 月，在全民通过的《民族行动宪章》中，巴林成为一个拥有选举议会的君主立宪制国家。2002 年 2 月，哈马德国王颁布了新宪法取代 1973 年宪法，以两院制议会代替了 30 人的一院制议会。上下两院各拥有 40 名成员，任期 4 年。依据新宪法规定，国王任命协商会议作为上议院，同时投票者直接选举下议院。下议院的议员有权对立法，以及颁布的新法律提出计划与建议，但法律的颁布须经两院赞同。如果任命的议员两次拒绝选举委员会的建议，委员会主席就可主持会议，联合投票表决。

至此，巴林议会由协商会议和众议院组成，协商会议职能为向国家立法、行政工作提供咨询意见和建议，但无法律创设权；众议院承担立法工作；国王、内阁和众议院拥有法律创设权。对于现行国家法令和政策，议会有权对其进行"违宪审查"，并提交宪法法院审查，若经宪法法院裁决该法令或政策违宪，须立即停止执行。国王有权将议会已通过的法令交由宪法法院审查，经查实违宪，国王不予签署，该法案则不能实施。

议会两院均有权监督政府，并就有关问题质询内阁成员。众议院除拥有质询权外，还有权对内阁成员启动"不信任投票"。如"不信任投票"获半数以上众议院议员通过，则该内阁成员必须辞职，或由国王下令解散议会，重新举行议会选举。议会不得对首相进行质询或启动"不信任投票"。

巴林设有选举委员会，专门负责众议院议员选举。选举委员会主席由司法和伊斯兰事务大臣担任，主席委托一个由3人组成的执行委员会负责具体工作。巴林政府允许国内人权组织在各选举区监督选举，但不欢迎国际人权组织派观察员介入本国选举。

五　司法

司法体系是衡量文明社会的重要标志，巴林作为中东民族国家建构体系中地缘、社会与文明实体的重要一环，尽管面积不大，人口规模较小，但其司法体系在海湾地区具有历史悠久、体系完备以及内容丰富的特点。

巴林司法体系的历史源头可以追溯到 17 世纪。1631 年，萨法维王朝的阿拔斯一世在英国军队的帮助下，进攻海湾地区的葡萄牙军队。巴林民众害怕西方力量主导海湾地区政治事务，向萨法维王朝寻求保护。从此巴林处于萨法维王朝的影响之下，直到 1783 年哈利法家族统治巴林。萨法维王朝通过伊斯兰教法学家的合法性将什叶派理念与思想传播到巴林，客观上促进了巴林伊斯兰法体系的发展，教法学家主导巴林法律体系以及行政事务的做法一直持续到哈利法家族统治巴林。

1783 年，乌特班部族的哈利法家族打败波斯派遣的统治者纳斯尔·本·马德库拉，成为巴林的实际统治者。哈利法家族到达之时，也是英国势力向海湾渗透时期，巴林的社会结构也在潜移默化地发生变化，存在哈利法家族、英国代理人、多元化的社会混合成分以及外部力量，这些力量单元之间进行角逐，特别是哈利法部族力量与英国在司法权上进行博弈。1919 年 2 月 3 日，英国政府实施了"巴林秩序理事会"法案，按照该法案，英国控制了巴林的法律体系，负责管理巴林的社会秩序。该法案制定了治理法院的规则，规定了司法裁判权的组成。

20 世纪 20 年代，海湾地区民族主义运动逐渐兴起，英国人意识到重视阿拉伯人的民族性与伊斯兰教的重要意义。为此，英国驻巴林代表积极构建地方政府机构。在这种背景下，巴林的法律机构也成立了。1922 年 2 月 16 日，哈马德酋长成立了巴林地方法院，即哈马德法院。1926 年，巴林建立兼管民事和刑事审判的法院。1927 年，巴林成立小法院，以处理较轻的民事案件。巴林还设有处理珍珠商人的习惯法院。1937年，巴林设立了高级法院，以处理上诉民事和刑事案件。1956年，巴林通过第一部刑法。1957年，巴林通过劳动法。但在英国顾问的干预下，这些法律并没有发挥多大的作用。

1971年，巴林实现独立，随后成为阿拉伯联盟的成员。1973年，巴林颁布了宪法。该宪法规定："巴林是一个享有完全主权的伊斯兰国家，其人民是阿拉伯人民的一部分，其土地是大阿拉伯民族的一部分。"

巴林现代司法是根据西方民法，结合伊斯兰教法——沙里亚形成的制度。宪法规定，巴林司法机关在审判工作中保持独立性。法官在审理案件时，不受任何外部力量干涉。宪法宣称法律的荣誉以及法官的清廉公正为治国之本，并为权利与自由之保障。为了健全法制，1971年巴林制定了《法院法》，改组全国法院系统，成立各级法院，并规定其职能和管辖权。民事诉讼法院除了设有初级法院、高级法院、最高上诉法院（对刑事案件与商业纠纷均拥有司法权）外，还设有审理武装部队和公安部队人员的军事法院。根据巴林教派结构的特征以及沙里亚法院的制度，巴林分别设立了逊尼派法院和什叶派法院。巴林还成立最高司法委员会，以监督法院与有关官员的活动，对法院和检察院拥有管辖权。

民事法院是司法体系的主体，分为两个部分：民事与商业司法、刑事管辖权。司法机构包括：法院法官、司法部、律师、法学专家、公诉人、最高司法委员会、法院行政与文秘人员等。

巴林在司法领域实行了"法律阿拉伯化"的政策，即巴林法律与阿拉伯国家的法律保持一致。阿拉伯各国法律受到埃及法律制度的影响，因此巴林在制定法律时也聘请埃及的法律顾问以帮助其草拟法条。1996 年，埃及法律顾问在巴林立法委员会成员中占到 1/2。1998 年末，巴林成立上诉法院，7 名法官中有 5 名是埃及人。1999 年巴林法院的 14 名法官中，埃及法官有 12 名。此外，埃及律师也在巴林律师总人数中占有较大的份额。埃及人在立法与司法领域的影响推动巴林采用埃及的立法与司法体系。但埃及学者制定埃及现代法律体系主要以法国法律制度为蓝本，而法国法律制度是罗马-德国法律制度的一部分。由此可以看出：巴林法律体系也带有罗马-德国法律体系的特点。

六 社会治安

巴林社会治安良好，刑事犯罪案件较少。但是由于贫富差距、教派冲突等问题依然存在，受西亚北非地区局势动荡及 2011 年国内动乱的持续影响，局部冲突时有发生。抗议人员往往设置路障，焚烧轮胎及投掷燃烧瓶，给交通出行和人身安全带来不便和隐患。巴林政府一方面在重点地区加大警戒力度，严防暴力事件的发生，严禁个人持有枪支和爆炸物；另一方面，逐步推行经济、政治和社会领域改革，缓和社会矛盾。目前，虽仍有小规模示威冲突，但总体形势稳定。

2015 年，巴林共发生两起恐怖袭击。2015 年 7 月 28

日，巴林锡特拉地区发生炸弹袭击，造成 2 名警察死亡，6
人受伤。2015 年 8 月 28 日，巴林首都麦纳麦西部城镇卡拉
奈遭遇爆炸袭击，造成 1 名警察死亡，7 人受伤，其中包括
4 名警察和 1 名儿童。

巴林不存在反政府武装组织。

第六节　经济发展

一　概述

巴林历史上曾以珍珠捕捞闻名，是海湾航运的重要中
转站。20 世纪 30 年代，巴林成为海湾地区最早发现石油的
国家，石油与石化成为其支柱产业。从 20 世纪 70 年代末
起，巴林开始实行自由开放的经济政策，积极推进经济多
元化战略，重点发展金融、贸易、旅游和会展等产业，减
少对油气产业的过度依赖。目前成为海湾地区金融中心之
一。旅游服务业较发达，尤其是对沙特、科威特等国游客
具有较强吸引力，每年从沙特巴林大桥入境近 1000 万人次。
世界经济论坛《2015-2016 年全球竞争力报告》显示，巴
林在全球最具竞争力的 140 个国家和地区中，排第 39 位。

（一）经济发展格局

巴林王国国土面积小、土地资源匮乏，与其他海湾国
家相比，巴林石油和天然气资源储量有限，经济自给能力
不强。1971 年独立后，巴林政府充分利用本国独特的地理
位置和海上运输、转口和与世界交往的便利，采取了多项

经济发展措施，积极构建多元化的经济发展格局，2015年经济增长率为2.9%。

1. 构建两大支柱产业

巴林构建以石油冶炼、船只修理、金融业为基础的经济格局，服务业与相对多元化的工业为巴林两大支柱产业。根据巴林经济发展委员会公布的数据，2015年，巴林GDP总量为349.70亿美元，同比增长2.9%，人均GDP为25395美元。在巴林2015年GDP构成中，按行业分，石油天然气行业占19.7%，金融业占16.4%，制造业占14.6%，建筑业占7%，贸易业占4.4%，宾馆餐饮业占2.4%，交通通信业占7.2%，公共和私人服务业占5.8%，不动产及商业占5.5%，政府收入占12.7%，其他占4.3%。

2008年国际金融危机及2011年地区局势动荡的双重不利影响，给巴林经济带来了沉重压力，但受益于国际高油价和宏观经济总体稳定，巴林仍保持了低速增长态势，2012年经济增长率达到3.4%。由于石油行业在2012年部分检修停产后恢复产能，巴林2013年经济增长率为5.3%，GDP总量为330.27亿美元。2014年经济增长率为4.5%。

油气业在巴林国民生产总值中的比例由1980年的44.45%下降到2015年的19.7%。在同一时间里，银行保险等金融服务业增长迅速，在国民生产总值中的比例从1.9%上升到16.4%。目前有360多家地区与国际金融服务机构在巴林设立办事处，各国银行在巴林总资产有869亿多美元。巴林经济发展在海湾地区处于中上等水平。

2. 石油、天然气仍是巴林工业的支柱产业

巴林的油气资源虽然有限，但石油和天然气仍是巴林工业的支柱产业，在国民经济发展中发挥着重要的、不可替代的作用。巴林是海湾国家最早开采石油的国家，石油收入占国民收入的一半以上。建国初期，巴林石油业、炼油业较发达。独立后实行石油国有化政策，政府利用丰厚的石油收入，因地制宜地发展符合国情的各种产业和兴建各种基础设施，促进了经济的快速发展。

3. 大力发展重工业

自 20 世纪 80 年代，巴林政府开始实施经济结构多元化政策，积极进行产业结构调整和扩大对外开放，引进外资、鼓励私人投资，鼓励在除油气开采以外的其他行业投资，努力实现国民经济多元化，减少对石油的依赖，并成为其经济发展战略的主要内容，取得了较为显著的成绩。巴林工业投资重点由与石油相关的工业扩展到钢铁、铝等重工业，成为海湾地区较早拥有重工业的国家。1968 年，巴林铝厂建立，1971 年投入生产。相比于建国初期，自哈马德国王执政以来，随着经济结构多元化战略的逐渐推进，石油天然气产业产值在国民生产总值中的比重发生了变化，非油气收益逐年增多，金融业、房地产及建筑业、进出口贸易、酒店餐饮业以及交通通信等行业发展较快，在国民经济中所占比例增大。

4. 建设海湾地区乃至中东地区的金融中心

巴林既是世界银行系统中闻名遐迩的一个重要环节，又是海湾通信网的中心，这一地位在近年来得到进一步加

强，越来越多的巴林本土银行和国际金融机构在巴林落地，金融交易额逐年上升，目前在巴林的金融机构总数为410家。1975年，巴林金融当局向海外银行开放金融市场后，银行业迅速发展。巴林现在已经是国际银行业的中心之一。麦纳麦离岸银行的繁荣也带动了住宿、信息技术、通信和娱乐等一系列服务业的发展，这些服务业的发展又促进了银行业的高度发展。巴林金融港的建成，以及周边辅助设施的建设均为巴林国内和国际金融机构创造了一个世界一流的现代化的金融交易场所和一个集商务、住宅、休闲娱乐于一体的良好的投资环境。

5. 大力发展交通和通信业

鉴于巴林优越的地理位置和通畅的海上运输，巴林自古以来就是海湾地区和世界的交通枢纽。巴林政府利用这一天然的地域优势，在沿海修建现代化海港、建立工业园区和投资区，制定外商投资优惠政策，积极改善投资环境，简化外资企业注册、投资程序，吸引外资为巴林的经济建设服务。巴林于1972年9月加入国际货币基金组织，并于1995年1月1日正式成为世界贸易组织成员，巴林还是阿拉伯石油输出国组织成员国和海湾阿拉伯国家合作委员会成员国。近年来，巴林大力发展海洋运输，改善陆路交通，现代规模巨大的哈利法新港已成为巴林交通运输生命线，巴林与沙特之间的法赫德国王大桥是连接两国间的一座跨海大桥，也是目前巴林唯一的一条最为便捷的国际陆路交通线。

6. 逐渐增加公共投资

20 世纪 70 年代和 80 年代前半期，巴林政府集中于基础设施项目的投资，建立了合资或者私人投资的重工业。1999 年，哈马德埃米尔上台以后，继续执行老埃米尔的经济多元化政策，并采取了多项有效的经济措施，增加资金救济贫苦群体和改善投资环境。资金大部分投入电力、水利、道路和住房等基础设施建设项目。巴林积极投资建设现代化农场，这不仅可以为当地农贸市场供应更多农产品，还能满足国内工业部门发展的需要。

7. 努力改善本国的就业状况

在保证本国支柱产业继续发展的同时，巴林政府还努力改善本国的就业状况，推进经济稳步发展。在经济多元化战略的引导下，巴林以多元化战略为目标，建立具有世界先进水平和全球竞争力的国民经济体系，家庭实际可支配收入在现有基础上翻两番。巴林大力发展私有经济，以创造更多的就业岗位，使人民生活得到更大的改善。

（二）巴林化的经济发展战略

2007 年 10 月，巴林经济发展局公布的《巴林 2030 年前经济发展战略规划》，对今后 20 年的经济发展进行了详尽的设计和规划，巴林化是巴林经济发展战略的重要组成部分之一。

1. 经济发展战略规划总体设想

规划指出，巴林经济近年来得到稳步发展，GDP 增长率都在 6% 的水平，其主因是石油价格不断走高，金融业发展迅速，地区经济持续看好。但是，为使巴林经济更具发展潜力，必须改变目前的经济发展模式和解决存在的问题，如私营企业工作待遇低，就业者技能差，政府为解决就业而增加工作岗位致使机构臃肿，技术创新少，产生不能同世界经济同步发展等问题。现在，巴林经济正处在关键时期，只有彻底改革才能跟上当今世界经济发展的步伐。

经济发展的目标如下。经济强力发展，通过提高产值和技术水平推动国民经济的发展，2030年时巴林企业赶上国外企业的生产率。巴林将致力于发展非石油产业，通过国民经济多元化政策增加总产值，金融业仍是经济活动的基础，并在此政策下得到不断发展。政府将为非石油企业提供发展机会，鼓励对旅游、商贸等领域的投资，鼓励进出口企业参加产品和服务的国际竞争。

2. 巴林化经济发展战略的特点

为促使巴林企业雇用巴林籍工人达到最大化，贯彻巴林化经济发展战略，巴林采取了一系列措施。

一是劳工与社会事务部拒绝为外籍劳工发放"免费签证"，拥有这一证件的外籍劳工才有资格被雇用，但是签证到期，如不续签，则面临被驱逐的危险。二是巴林政府增加签证的费用，限制外籍劳工的工作职位。三是巴林政府出资成立培训学校，培训巴林本土劳动力，提高其劳动技能，巴林政府尽可能给巴林人创造一些工作机会，职业范围包括：重型车辆驾驶工作、政府部门的办公室信息管理工作、文书工作、花园清理工作等。四是政府设定硬性指标并予以强制执行，巴林内阁要求大型零售市场、家具行、旅行社、售车行4个行业实现员工100%本土化。巴林化的劳动力资源政策虽减少了对外籍劳工的依赖，但也引起了商业集团的强烈抵制。由于巴林政府已经营造了成熟的商业运行环境，巴林化对劳动力市场几乎没有产生多大影响，外籍工人有增无减。

3. 经济体系中的私有化

巴林经济私有化的主要原因是政府财政紧张。巴林经济结构比其他海湾国家更具多元化，但因为税款的缺乏，石油收入仍然是政府的主体财政来源。沙特阿拉伯、阿联酋和科威特等阿拉伯地区强国害怕巴林的财政紧缩政策引起社会秩序的混乱，并蔓延到其他什叶派国家。因此，通过软贷款（借款国可用本国软货币偿还）支持巴林经济，但提供援助的标准并不固定。此外，巴林政局的稳定为外商提供了稳定的投资环境。

为了推进私有化，扩大就业，巴林政府成立了经济发展委员会和开发银行两个机构。经济发展委员会原主席是巴林首相，2002 年后由萨勒曼王储担任主席，主要向外国投资者提供政策咨询。开发银行成立于 1992 年，为巴林私有化制度的推行服务。哈马德上台后，加快了巴林经济私有化进程，政府鼓励私人企业在巴林经济中发挥更大作用，为社会创造更多的就业机会。为此，巴林政府取消了进口垄断权，鼓励私人企业积极上市，巴林被认为是中东地区自由度很高的经济体之一。

4. 21 世纪以来的经济发展概况

21 世纪后世界油价一直在提升，巨额的石油收入使巴林 GDP 增长较快。巴林政府在促进金融业发展的同时，也积极推动旅游业的发展。相对开放的旅游氛围以及对酒类、娱乐项目不加限制等政策，使得巴林旅游业十分兴盛。但是，旅游业也受到了油价上涨、中东地区的紧张局势、国内政治动乱以及恐怖主义蔓延等因素的影响。20世纪90年代以来，巴林服务业由于受这些因素的影响和制约，对国内生产总值的贡献率有所下降。

巴林政府通过商业补贴以及国家定价等宏观调控政策保持商品价格和汇率的稳定，这有助于将通货膨胀降到最低程度。巴林货币管理局（BMA）实行紧缩的金融政策，致力于将汇率维持在0.376巴林第纳尔比1美元的水平。20世纪八九十年代，巴林的通货膨胀率一直保持在很低的水平，消费价格指数从来没有突破3%，而且一直处于下降状态。但是，巴林的邻国，如沙特阿拉伯等国汇率的不稳定也会造成巴林货币贬值，带来通货膨胀。

多年来，巴林政府的政策目标定位一直集中在以下几个方面。第一，通过发展中小型企业，实现经济结构和国民收入多元化。第二，排除外来公司投资过程中的障碍。第三，鼓励服务业与商业的发展。第四，发展离岸银行和旅游业。第五，鼓励私人企业为国家经济发展做出贡献。

在过去的30年，巴林利用其有限的原油和天然气所创造的财富，改变了以油气为主的经济发展模式，实现了经济多元化发展的目的。伴随着金融中心的建立，工业、制造业及服务业的发展创造了可观的财富，巴林成功地将自身定位为具有前瞻性的国家。但报告认为，随着自然资源的减少和由此带来公民收入的下降，巴林经济必须完全转型为具有强大和充满活力的私有经济，以成为中产阶级群体占主体的知识经济国家，这将是巴林经济可持续发展和保持繁荣的根本保证。

二 农牧渔业

巴林农业基础比较薄弱，资源有限，技术相对落后，投入也不多，因此农业发展缓慢。近年来，巴林王国政府加大了对农业、畜牧业和渔业的支持力度，采取了一些加大对农牧渔业宣传和鼓励发展的举措。

（一）巴林农牧渔业发展概况

巴林农业包括养殖业，海洋捕捞业以及少量的大棚蔬菜、椰枣种植等。农业产值占 GDP、农业人口占总就业人口的比例均不足 1%，农产品主要依赖进口。

巴林全国可耕地面积 1.1 万公顷，约占国土总面积的 14%，实际种植面积 4766 公顷。20 世纪 60 年代以前，从事农业的人口不足 7000 人。粮食主要依靠进口，主要农产品有水果、蔬菜、家禽、海产品等。20 世纪 60 年代中期，巴林经济出现衰退的迹象，当时农业和渔业仍处于重要地位。以前种植椰枣的大片土地转向了种植蔬菜，巴林本土劳工成为农业工人。1965 年后，阿曼国内过剩的劳工大规模涌入巴林，成为农业工人的补充力量。巴林岛上的主要农作物是柑橘类水果、谷类和饲料作物，特别是紫花苜蓿。

20 世纪 60 年代，巴林成立渔业公司。英国的罗斯财团拥有该公司 40% 的股份，共有 1200 个巴林本地股东。1966 年秋，罗斯公司正式营业，8 艘装备了现代化设备的捕虾船在海湾北部地区进行捕捞。罗斯公司在乌姆哈桑地区将海产品进行加工处理后装船运到欧洲、日本和美国市场。捕虾劳工主要是来自阿联酋和阿曼的移民。

20 世纪 70 年代初期，农业和渔业开始衰落。1974～1975 年的农业调查显示，巴林可耕地有 6000 多公顷，农业用地仅有 3700 公顷。在这些土地中，60% 的土地由拥有者短期租赁，承租人主要是非巴林籍的外来人口。1975 年后，巴林岛上的银行业和其他服务业规模逐渐扩大，食品需求的增加也为本国农业生产提供了刺激因素。1976～1979 年，巴林蔬菜的种植面积增加了 12.5%。西红柿、大白菜和马铃薯的产量分别增加了 70%、11% 和 200%。1971 年，巴林引进机械化农具后，农作物的产量增加，椰枣由 20 世纪 70 年代初的 1.5 万吨增加到 1977 年的 3.8 万吨。巴林政府引进了补贴制度，对本国农业进行补贴，以缓和地方市场大米、蔗糖、面粉等食品价格过高的紧张局面。

由于本土农业还没有能力为巴林消费市场提供充足的产品，从 20 世纪 70 年代开始，巴林政府开始大规模进口农产品。目前，巴林进口的农产品数量翻了一番，烹饪食用油的进口量比以前增加了 5 倍，进口的鱼产品增加了 3 倍。20 世纪 70 年代，海湾地区的水污染严重，巴林的捕鱼业受到影响。1984 年，穆哈拉克地区开放了新渔港。1993 年，巴林政府投放了大量鱼苗。1999 年，锡特拉地区开始恢复捕鱼业。巴林人均鱼类消费大约 25 公斤/年，位居世界前列。

（二）巴林农牧渔业发展的特点

20 世纪 60 年代以来，巴林农业生产不稳定，其原因有四个方面。一是巴林地下水资源有限，过度灌溉导致地下水位下降，土壤盐碱化严重，农业产量不能保证。二是巴林国内乡村地区经济的增长，引起房地产价格的暴涨。随着麦纳麦城市化向西南地区的扩展，许多农业用地被出售用于商业和住宅用地。三是大规模商业养殖和人工珍珠培育的开展，传统渔业和珍珠业日益衰落。其结果导致了干椰枣（捕鱼者和珍珠寻找者的食物）、棕榈须根（用来编织船用的绳子）、棕榈分支（修建捕鱼陷阱的专用材料）价格大跌，从而迫使当地农民进行从椰枣树种植转向蔬菜和水果种植的结构性改变。四是巴林不加限制的贸易政策也鼓励了当地商人从中东和南亚地区进口蔬菜和水果。国外的这些物品实际上价格很低，国内的水果在竞争中处于劣势。对于本土农民来说，农业收益变得很少，几乎无利可图。生产用地的收入也入不敷出，这些土地逐渐成为富有城镇人口的住宅地或地产。

尽管农业并没有为巴林经济提供多大的动力，但巴林政府一直很重视农业和渔业。巴林政府的农业部门重视本地蔬菜、水果和家禽的生产，要求改进国家的灌溉和排水系统。1982年，巴林政府向农民提供40%~50%的补助金用于购买种子、肥料和农业机械，此外还向农民提供低息贷款，用于修建农庄和供给农业劳动力的工资费用。到1985年，这些农民生产的蔬菜和水果分别可以满足巴林国内需求的28%和12%。同一年，巴林成立了国家每日公司，以为消费者提供牛奶。联合国为巴林制定了全面的经济发展计划，包括建造鱼类孵卵所、改进灌溉设备等。

巴林进口农产品中，肉类多来自印度、巴基斯坦、新西兰等国；禽蛋多来自沙特阿拉伯、印度等国；奶产品多来自沙特等国；蔬菜主要来自约旦、叙利亚、埃及等国；水果主要来自黎巴嫩、叙利亚、埃及、东南亚；米、面粉主要来自印度、巴基斯坦、泰国等国。

（三）巴林对农产品进口采取的关税及非关税措施

巴林农业关税税率主要分为免税、5%、100%和125%四种。其中，蔬菜、水果、鱼类、肉类等免税进口，烟草及烟草制品、酒类则分别征收100%和125%的进口关税。

三 工业

（一）石油、天然气产业

石油和天然气是巴林最重要的自然资源，油气产业是巴林经济的战略支柱。1933年，巴林发现石油后，美、英石油公司控制了巴林石油的勘探、开采、提炼、运输、销售权。20世纪40年代中期，巴林除了在阿瓦利省东部海岸进行石油提炼外，还从沙特阿拉伯进口原油。1959～1963年，巴林石油产量一直处于稳定状态。到1964年，巴林石油公司在阿瓦利地区开采出3.15亿桶原油。目前，已探明石油储量2055万吨，天然气储量1182亿立方米。2015年，巴林石油天然气行业产值占GDP的比重为19.7%，为68.89亿美元。2015年开采石油7355.6万桶，炼油10098.7万桶，石油产品出口8763.7万桶。开采天然气7516.15亿立方英尺（1立方英尺相当于0.0283168立方米），全部被用于国内，主要被用于发电、淡化水和生产化工产品。

1. 石油工业

独立后的巴林政府实行石油国有化政策，从美、英石油公司手中收回石油所有权。20 世纪 70 年代，国际油价大幅上涨，巴林石油收入迅速增加。巴林政府利用巨额的石油收入，促进基础设施建设，因地制宜地发展工业，推进经济快速发展。1974 年，巴林石油公司投资 1.2 亿美元，扩大阿瓦利和锡特拉地区的石油生产、提炼和装载规模。1974 年 9 月中旬，巴林石油在美国加利福尼亚标准石油公司获得了 60% 的份额。1976 年 2 月，巴林埃米尔发布法令，成立国家石油公司，以进行勘探、提炼、储存、运输以及本地石油生产市场化的活动。巴林国家石油公司控制了巴林石油生产 60% 的份额，大约有 2.56 亿美元。

1980 年 9 月，两伊战争爆发后，受战争影响，巴林石油产量由 1970 年的 7.6 万桶/日降到 1983 年的 4.2 万桶/日。1977 年，巴林颁布《免税公司法》，规定外国公司到巴林投资不受当地法令约束。20 世纪 80 年代后，国际油价下跌，石油收入锐减。1999 年末，巴林政府将巴林国家石油公司与巴林石油公司合并为巴林石油公司，以负责所有的石油开采、销售活动，并开发阿瓦利油田，管理锡特拉的炼油厂。2001 年，巴林政府招标，马来西亚和美国公司在巴林东南部地区进行石油和天然气的开发。同年 3 月，国际法院将该地区的主权判决给巴林。2002 年末，巴林石油公司计划花费 15 亿美元与外国公司建立新石化工厂，以通过石脑油裂解制造乙烯和丙烯。2004 年末，科威特在巴林投资 13 亿美元开发石化、能源和水利项目。

巴林的石油储备量比海湾其他国家都少。巴林已探明石油储量 2055 万吨,当年石油产量为 1308.5 万桶,日均产 35849 桶。据国际能源机构估计,2011 年巴林的石油总量为 1.25 亿桶。

巴林的地缘优势、政治和社会稳定以及良好的投资环境,为全球能源运营商投资提供了便利条件。2007 年 3 月 12 日,哈利法首相在第 15 届中东石油天然气展会的开幕式上鼓励国外企业对巴林的油气勘探和开发进行投资。巴林政府正以加大油气的勘探、增加油气产量为动力,实现增加财政收入、提高人民生活水平、扩大就业的战略目标。

2. 天然气工业

巴林天然气储量为 1182 亿立方米,而阿联酋有 6.1 万亿立方米,卡塔尔有 24.7 万亿立方米。巴林天然气大都供给国内的发电站、巴林铝业和海湾石化工业公司。1979 年 12 月 17 日,巴林成立国家天然气公司,投资额 1 亿美元,其中巴林政府出资 75%,阿拉伯石油投资公司和加利福尼亚-得克萨斯石油公司共同持有 25%,主要产品有液化气、丙烷、丁烷及石脑油,年生产 10 万吨丙烷、18 万吨丁烷和 18 万吨石脑油。

(二)巴林铝业

巴林铝业公司是世界十大铝厂之一,是巴林工业的重要支柱,2015 年实现销量 96.06 万吨。1968 年 10 月 1 日,巴林政府、瑞典公司、巴拿马公司和伦敦公司联合成立了铝熔炼加工厂,巴林占 27.5% 的股份。巴林铝业公司位于巴林石油公司炼油厂的南部,可以就近利用阿瓦利油田的天然气。巴林铝业公司具有官办企业的特点，其负责人是时任财政大臣马哈茂德·阿拉维、石油事务主任尤素福·什拉维。1969 年，巴林政府依靠英国、瑞典、法国和美国等国的国际财团，建造了年生产能力为 12 万吨的炼铝厂和 360 兆瓦的附属电厂。

1971 年，巴林铝业公司正式投入生产，成为中东地区第一家炼铝厂，也是巴林第一家非石油企业。巴林发展铝业的有利条件是天然气蕴藏量丰富，价格低廉；港口设施发达，运输成本低。铝业成为巴林仅次于石油工业的第二大产业。

20 世纪 80 年代，沙特阿拉伯曾经酝酿建立一个规模较大的炼铝厂。巴林采取灵活做法，让出巴林铝业公司 20% 的股权给沙特阿拉伯，使其打消建立大型铝厂的念头。沙特阿拉伯公共投资基金拥有公司 20% 的股份，但大部分股份仍掌握在巴林的手中。2003 年底，世界上最大的铝业生产者——美国铝业公司与巴林公司签署谅解备忘录，购买巴林铝厂 26% 的股份，金额高达 6 亿美元。该谅解备忘录为计划修建第 6 条电解铝生产线铺平了道路，铝产量增加到年产 113 万吨，巴林铝产量位居世界前列。铝产品出口额占巴林出口额的 15%，非石油产品出口额的 50%。

目前，巴林铝业公司是世界上较大的现代化冶炼厂之一，也是世界第三大铝厂，巴林政府持有其 77% 的股份，沙特阿拉伯持有其 20% 的股份，剩余股份由德国投资公司持有。《海湾天天报》指出巴林铝业公司是海湾铝业两大巨头之一（另一巨头为迪拜铝业公司），产量占整个地区产量的 85%。巴林铝厂在全球铝业中发挥重要作用。

（三）电力工业

巴林发电能力达 4000 兆瓦，可满足国内生产和生活需要。2009 年完成的海合会国家互联电网，有效降低了区内电力管理成本和调剂余缺。巴林全国共有 33 千伏变电站 10 座，66 千伏变电站 114 座，22 千伏变电站 21 座，2015 年发电量为 16259 兆千瓦小时。

进入 21 世纪以来，巴林电力生产规模以 5% 的速度逐年增长，超过消费需求。2001 年开始，哈马德国王削减电力部门的税收，并投巨资改造旧电厂。巴林国内电的售价一般低于成本价格，亏空部分由政府买单。2003 年，巴林政府同意招标投资电力项目，电力部门实现私有化。2004 年，比利时的特拉克提贝勒公司、科威特的海湾投资公司决定在巴林建立埃扎尔电厂。2008 年 2 月，巴林负责水电管理的工程大臣法赫米·乔德透露，为提高电力生产能力，巴林正在兴建 400 个与之相关的设施。

（四）巴林传统工业

在未发现石油之前，巴林当地人民主要靠采集珍珠、捕鱼、经商艰难度日。20 世纪初，巴林已是海湾地区货物集散中心之一。20 世纪 30 年代以来，巴林石油开采业与石化工业飞速发展，使其曾经赖以生存的传统工业严重衰退，农牧业、珍珠采集业已成为辉煌的历史记忆，现在只剩下一颗巨大的人工珍珠被架在巴林大道的纪念柱上，以供后人缅怀昔日的"珍珠"岁月。为了解决单一石油经济带来的消极影响，巴林政府从长远利益出发，利用部分石油收益，一方面大力扶持、保护传统工业，另一方面积极推进工业多样化发展。巴林传统工业包括造船业、服装业、椰枣树加工业、香料加工业、编织业、陶瓷业、糖果业、纺织业与铸造业等。

1. 造船业

作为历史上国际贸易的重要转口中心，巴林造船业有一些基础。1954年，巴林成立船舶修理和工程公司，并建造了一座能够处理2000吨货物的现代化船舶修理厂。公司有700个本国股东，尤素福·本·艾哈迈德·卡努公司拥有公司51%的股份，掌握公司的管理权。20世纪70年代，欧佩克组织资助希得地区的船舶修理和制造公司6000万美元，它是海湾地区第一个能够处理40万吨货物的公司，英德财团雇用了2000名韩国工人为公司的员工。从1993年起，阿拉伯造船与修理公司效益一直处于增长的态势。巴林造船业虽历史悠久，但与世界造船技术相比明显赶不上时代步伐。从1998年起，巴林船舶收益开始下降，阿拉伯造船与修理公司停止扩厂计划。其原因有三：一是东亚地区低成本的同行业竞争；二是迪拜地区船舶修理效率的提高；三是"9·11"事件后，船舶保险费的上涨减少了阿拉伯造船与修理公司的交易额，公司最后取消了船舶修理业务。

2. 手工纺织

手工纺织这一传统工业正受到现代纺织业的猛烈冲击，规模日渐缩小，只有一些老年男性与少数妇女还在从事这一行。贾木拉村是传统纺织中心之一，其纺织厂属于巴林老字号工厂，有纺织厂100余家。

3. 传统编织业

编织业分机织和手编两种，两种产品均以本地产的黄色席草为原料。巴林卡尔巴巴德村的传统编织闻名遐迩，当地人就地取材，把棕榈树的枝叶晒干、着色后，编成颜色不同、形状各异的手工艺品，主要是箩筐、篮子、扇子、渔具、餐具、鸟笼、婴儿摇篮等。机织产品主要是草席和坐垫，原料大都为椰枣树的树叶或叶柄。巴林传统编织业至今仍在发展，不少手工业者仍用这种方法编织各种家庭用品，巴林很多民众在日常生活中仍使用这些工艺品。

巴林仿制各种船只模型的小手工业也日益兴隆，那些能工巧匠制作的船只模型与真船十分相似。他们制作的船只模型分为采珠船、渔船等。

4. 铜器加工

铜器加工主要是用铜制作各种餐具、茶具、咖啡器具，如锅、壶、盘、杯、匙等。目前这类艺人越来越少，这门手艺正面临失传的危险。铜器上一般都刻有美丽的阿拉伯—伊斯兰传统纹饰，既是待客的优雅器具，又是上佳的室内摆设。

5. 金银首饰加工

在传统行业中，巴林的金银首饰加工业很兴旺，但从事这一行业的人大都是印度人或巴基斯坦人，巴林人大都喜欢当珠宝商。

6. 服装业

巴林的服装业以棉、毛大袍与妇女绣衣为主，海湾地区最为驰名的服装是用骆驼绒与羊毛纺织制成的男式礼服。

从前巴林的服装中心在贾木拉村，服装厂均为个体作坊。如今，服装中心已移至首都麦纳麦，服装款式也较以前丰富新颖。这些服装的原料主要来自伊朗、叙利亚和沙特阿拉伯，出口对象是海湾各国。

7. 陶瓷业

陶瓷业是巴林的传统工业之一，具有近千年历史。巴林的阿里村盛产白色陶土，是巴林陶瓷中心，巴林陶瓷产品主要有花瓶、花盆、陶罐及各种工艺品，仍用传统的工具和方法制成。尽管巴林国内进口了许多现代器皿，但人们对传统制品始终情有独钟。现在制陶业已逐渐用天然气和石油取代木头做燃料烧制，这为陶瓷上釉等技术升级提供了有利条件。巴林陶器的制作仍然是手工制作，只有和黏土这道工序使用机器。过去高温烧窑使用柴火等燃料，如今使用天然气烧窑，既干净又环保。巴林著名的制陶作坊主要在首都麦纳麦的阿里地区，理法镇和卡拉里村主要以生产黏土香炉著称，陶器除供应当地居民外，还向周边海湾邻国出口，巴林的陶瓷产品在海湾各国十分畅销。

四 服务业

（一）服务业概况

与其他海湾国家相比，巴林的油气资源有限，随着经济结构多元化战略的逐步推进，油气业在国民经济中的比重发生了较大变化，非油气产业比重逐年上升。金融业、房地产业、进出口贸易、住宿餐饮业以及交通通信等行业发展较快，在国民生产总值中所占比例增大。巴林已经成了海湾地区最具多样化的经济体之一，在巴林的经济中，服务业产值占 GDP 的比重高达 74.3%。为了进一步吸引外国直接投资，巴林已经采取措施改善其商业和投资环境。

巴林是海湾地区乃至整个中东地区的金融中心，这一地位在近年来得到进一步的巩固和提升，越来越多的巴林本地银行和国际金融机构在巴林落地，金融交易额逐年上升，更多的金融机构在巴林投资。目前，在巴林的金融机构总数为 410 家。巴林金融港的落成和开业，以及其周边辅助设施的建设均为巴林国内和国际金融机构创造了一个世界一流的现代化的办公和金融交易场所以及集商务、住宅、休闲娱乐于一体的投资与生活环境。

巴林实行自由贸易政策，与美国签署了自由贸易协定，外贸持续顺差。2012 年外贸总额为 330 亿美元，同比增长 3.5%，主要贸易伙伴是沙特、美国、日本、阿联酋和中国等。其中出口额为 198 亿美元，同比增长 0.4%，主要是原油和成品油、球团矿和铝。进口额为 132 亿美元，同比增长 8.5%，主要是原油、铁矿石、焦炭、糖和大米等。

鉴于优越的地理环境和通畅的海上运输，巴林自古以来就是海湾和世界的交通枢纽。巴林政府利用这一天然的地域优势，在沿海修建现代化海港、建立工业园区和投资区，制定优惠的外商投资政策，积极改善投资环境，简化外国公司注册、投资程序，提高服务质量和效率以吸引外资为巴林的经济建设服务。

（二）巴林购物

巴林与周边的阿联酋、卡塔尔等海湾国家一样，也是购物的天堂。由于其优越的地理位置,巴林历史上就是海湾通向欧洲大陆、亚洲等地区的交通枢纽,该地国际贸易和商务活动自古以来就很繁忙和活跃,因此,巴林拥有物美价廉的世界各地的品牌商品,可以完全满足巴林本地人和长期居住在巴林的外国人的购物需求,同时也为前来巴林旅游观光、经商访问的外国人提供了一个很好的购物场所。

巴林各个省均拥有很多大型的商城与购物中心,特别是首都麦纳麦,其更是购物的集中地。巴林有地区性的购物商城,如巴林商城、希福商城、锡特拉商城、里法商城、伊萨城商城、阿里商城等;有家族企业商城,如娅提姆商城、达纳商城、吉瓦德商城等;还有一些外国商城,如印度的露露商城、法国的家乐福等。可以说,巴林到处是购物场所,并且每个购物中心均拥有各种世界名牌专卖店,包括一些时装、首饰、箱包、香水等。这些品牌都会在一些固定的季节、重大节日、年底等进行限期的打折促销活动,有些品牌可以打到4折、2折甚至1折,以吸引众多消费者。

巴林人的生活水平虽然没有阿联酋、卡塔尔等国的居民高,消费能力也相对有限,但巴林政府会通过举办一些展销会,商家也会通过一些季节促销活动,向巴林当地人推荐一些物美价廉的商品。届时,巴林人,特别是巴林妇女会成为巴林商城的第一消费人群,尤其在服装店和首饰店内,经常会看到巴林妇女,特别是年轻女子的身影。外国人也不会错过这些良好的购物机会,他们会通过手机短信和媒体等得到促销降价信息，在第一时间赶到商城，经过价格和品质比较后，采购一些高品质低价位的商品。

（三）外贸经济

巴林王国是波斯湾上的一个岛国，面积虽然很小，但在历史上始终是海湾、中东地区乃至世界各国海上交通的枢纽和各类商品的集散地。巴林人依仗其优越的地理位置和便利的海上运输条件，从他们的祖先开始到现在，掌控着海上贸易有数千年之久。巴林的外贸经济从以前的珍珠贸易发展到如今的油气贸易等各类商品的进出口和转口贸易。据世界贸易组织统计，2014 年，巴林进出口贸易总额为 381.04 亿美元，其中出口额为 200.74 亿美元，进口额为 180.30 亿美元。

2004 年 9 月 13 日，巴林率先与美国签署了《巴林-美国自由贸易协定》，其自 2006 年 8 月 1 日生效。根据该协定，两国的工业产品和消费品可以零关税进入对方国家。因此，巴林具备了向海合会其他成员市场和美国市场辐射的条件。特别是海合会分别于 2003 年 1 月 1 日和 2008 年 1 月 1 日启动了关税同盟和共同市场后，其对从区域外进口的商品征收 0~5% 的统一关税，区域内公民在其中任何一国就业、居住和投资将享有与所在国公民同等的待遇，更使巴林外贸如虎添翼。

五　财政金融

（一）财政

根据巴林政府预算数据，2015 年预算收入为 55.7 亿美元，预算支出为 95.6 亿美元。财政赤字 39.9 亿美元，是预算的 71.6%①。从 2003 年到 2015 年，巴林财政收入从 11 亿巴林第纳尔增加到 2015 年的 30 亿巴林第纳尔，2013 年总收入达 27.8 亿巴林第纳尔，2014 年达 27.9 亿巴林第纳尔。石油收入从 2005 年的 17 亿巴林第纳尔增至 2015 年的 25 亿巴林第纳尔，而非石油收入从 2005 年的 3.66 亿巴林第纳尔下降到 2015 年的 2.82 亿巴林第纳尔。

但是财政支出增长也很快。从 2003 年到 2012 年，财政支出从 10.8 亿巴林第纳尔增加到 35 亿巴林第纳尔，赤字从 6500 万巴林第纳尔增加到 10.2 亿巴林第纳尔。赤字占 GDP 的比例从 1.8% 增至 9%。预算平衡所需油价从 24 美元增至 129 美元。国债从 2008 年的 12 亿巴林第纳尔增至 2011 年的 35 亿巴林第纳尔。尤其是经常项目支出增长迅速。劳动力支出从 2003 年的 5.15 亿巴林第纳尔增加到 2012 年的 11 亿巴林第纳尔，主要是工资增长。政府对基本商品的补贴从 2007 年的 8.98 亿巴林第纳尔增加到 2012 年的 12 亿巴林第纳尔。

截至 2015 年，巴林公共债务余额 60.12 亿巴林第纳尔，占 GDP 比重为 47.2%。其中：政府发展债券余额 31.53 亿巴林第纳尔，国库债券余额 16 亿巴林第纳尔，伊斯兰租赁债券余额 11.3 亿巴林第纳尔。

---

① 摘自《对外投资合作国别（地区）指南：巴林（2016 年版）》，商务部国际贸易经济合作研究院，第 10 页。

（二）金融

巴林金融业比较发达，是海湾地区乃至中东地区的金融中心之一，是仅次于油气产业的第二大产业。巴林是海湾地区知名的离岸金融中心，监管完善，经营有序，人力资源和技术手段发达，资金可自由汇兑，且免收所得税。2015年金融业产值占国内生产总值的16.4%，巴林金融市场共有银行、保险、投资业等金融牌照403个，银行系统资产总额1994亿美元，从业人员1.4万人。

1. 海湾和中东的金融中心

巴林自1973年开始构筑自身的金融发展体系。巴林的邻国如沙特、阿联酋、卡塔尔、科威特等都拥有巨额资金，过去都将资金存在黎巴嫩贝鲁特银行。1975年黎巴嫩内战爆发，金融活动受到影响，巴林借助有利的地理位置和黎巴嫩内战的有利时机，颁布了允许外国银行开设离岸分行的规定。巴林不仅取代了贝鲁特成为海湾和中东地区的金融中心，而且同中国香港、新加坡、伦敦并列为世界四大金融中心。1975年，巴林货币管理局承担了中央银行的职责，被授权监管石油生产和外汇交易业务。目前，有400多家地区和国际金融服务机构在巴林设立办事机构，各国银行在巴总资产达855亿美元。

20世纪90年代以来，巴林的金融业飞速发展。1993年，巴林境内已有商业银行17家，离岸银行47家，投资银行22家，银行代表处38家，货币兑换商号25家，货币和外国经纪商号5家。2003年，巴林约有357个金融机构，包括52个离岸银行机构和37个投资银行、29个国际银行，在巴林登记的保险公司有 162 家，巴林国际保险中心也建于巴林金融港内，主要发挥传统伊斯兰银行的功能。

1984 年，巴林证券交易所正式开业，这是巴林唯一的证券交易市场，规模不大，为海合会 7 个股市中的第 6 大市场。1994 年，巴林允许外国公司股票上市，当时有上市公司 300 多家。1999 年，巴林股票电子交易系统运行。巴林是海合会中第一个颁布实施投资信托法的国家，良好的投资环境吸引了世界各地的投资商。目前，巴林证券投资基金额超过 200 亿美元，成为海合会最大的投资基金经济体。

1992 年，巴林政府组建了"巴林发展银行"。宗旨是鼓励工商界投资，重点资助初创阶段的中小企业。在扶持和鼓励来巴林投资的项目方面，巴林发展银行可以提供较优惠的利息、较灵活的宽限期（最长可达 3 年）、竞争力较强的酬金。巴林通过证券交易所和巴林发展银行，为国内外投资者提供了多种金融投资工具和机会选择，因而形成了较好的投资环境，吸引了大量的国内外资金。

巴林本地主要商业银行有：巴林国民银行、巴林科威特银行以及阿赫里联合银行。主要外资银行有：花旗银行、汇丰银行、巴黎银行、三菱联合金融控股集团以及标准渣打银行等。巴林当地信用卡使用普遍，中国境内发行的 VISA 卡和万事达卡均可在当地使用。

2. 金融体制

巴林金融业很发达，享有中东地区金融服务中心的美誉。从 1973 年开始，巴林主动参与全球事务，推动金融业迅猛发展，并构筑自身的金融发展体系。20 世纪 70 年代，巴林建立了金融监管机构，监督货币流通、指导本地商业银行的活动。由于时差关系，巴林的银行业在营业时间内可赶上东京金融市场的收盘时间和伦敦市场的开盘时间，使两地的同日交易得以实现。巴林货币管理局有权设定巴林第纳尔的日兑换率，并要求国内银行机构提供借贷模式的详细数据。

巴林法定货币为巴林第纳尔，根据巴林中央银行和金融机构法规定，巴林第纳尔为可自由兑换货币。在巴林的所有商业机构均可进行巴林第纳尔与主要西方货币（美元、欧元、日元等），其他海合会国家货币以及主要劳务来源货币（印度卢比、巴基斯坦卢比、孟加拉国塔卡等）的兑换业务。巴林自2001年以来采取巴林第纳尔与美元的联系汇率制度。

巴林中央银行是该国的国家银行，主要负责国家货币政策和外汇汇率政策的制定、管理国家外汇储备和国债、监管国家支付和结算系统、本币发行以及对各类金融机构及资本市场的监管。

巴林货币局是巴林中央银行负责制定金融、货币政策，维护货币稳定的机构。货币局成立于1973年，其最高管理机构是董事会，由5人组成，首相任主席。局长由董事会推荐，财政和国民经济部批准，国王任命。1975年，巴林货币局允许离岸金融机构在巴开展业务，从此奠定了巴林在中东地区金融中心的地位。货币局通过规范的政策法规，健全的金融基础设施和服务，吸引了众多国际机构来巴设立分支机构，开展业务活动。

根据巴林中央银行和金融机构法、巴林商业公司法以及巴林中央银行规则手册，巴林不实行外汇管制，在此注册的外国企业可以在巴林银行开设外汇账户，以用于境内外结算。外汇的汇入、汇出无须申报。外资企业利润自由汇出，无须缴纳税金。在巴林工作和居留的外国人的合法收入可全部汇出境外。个人携带现金出入境不需要申报，也无数额限制。

20 世纪 90 年代以来，巴林金融业飞速发展。巴林全国共有 180 多家本国和外国银行及其分支机构，金融业产值占巴林 GDP 较大份额，2003 年占到 19.2%。这些国内银行及机构以巴林为基地，业务范围超过了在巴林的海外银行。

巴林金融业的主要特点是它作为离岸银行服务中心而享有盛名。这些离岸银行大都来自西方发达国家和海湾各国，一些颇具实力的金融机构的主要经营活动是吸收存款、提供信贷和担保、办理信用证、开展黄金和货币交易等。巴林政府则对离岸银行给予外汇不受管制、自由确定比价和免税等方面的优惠。与此同时，巴林还逐渐发展为世界伊斯兰银行的主要中心，以伊斯兰传统方式参与海湾和中东各国的经济建设和金融业务。其中巴林伊斯兰投资公司和巴林费萨尔伊斯兰银行的影响力最大，每年提供的贷款均在 10 亿美元以上。

3. 伊斯兰银行

巴林伊斯兰银行是海湾地区银行的中心。2001 年 11 月，巴林伊斯兰银行与马来西亚、印度尼西亚、苏丹和沙特阿拉伯的伊斯兰发展银行签署成立了国际伊斯兰金融市场。2002年10月，巴林成立了国际伊斯兰评级机构，筹集15亿美元来资助伊斯兰国家的基础设施建设与私有化项目。巴林的沙米勒银行发行了茹班万事达信用卡，这是中东地区第一张伊斯兰信用卡。顾客拥有信用卡不索取利息，但是必须支付一次性的行政费和交易费。信用卡不能用来购买违反伊斯兰法规定的商品。尽管伊斯兰银行相对很小，但其发展潜力巨大。

4. 国内商业银行

为了增强银行系统的透明度，巴林货币管理局要求银行提供季度收益、损失和资产负债表等信息，并为银行设定了贷款底线。2001年，阿赫利联合银行所拥有的商业银行与巴林商业银行合并。巴林国内商业银行的主要业务是为个人提供贷款。

5. 巴林开发银行

巴林开发银行成立于1992年1月，其任务是促进在巴林境内的投资，为中小项目的创立、扩建、转型和升级提供不同形式的融资服务。自成立以来，巴林开发银行在资本筹集、增加就业、扩大出口、进口替代、技术升级、经济私有化、人力开发等方面发挥了较大作用。

巴林开发银行提供融资支持的对象是从事制造业、加工业的企业以及想自主创业的巴林人，其主要职责包括为筹集资本和运营资金提供各种中短期综合贷款，向新创立的和原有的工程项目提供风险资本、租赁设备，为工程项目购买原材料提供运营资本金，为在巴林境内产品的出口安排融资。巴林开发银行提供的金融服务具有费用低、还款期长等优点。

巴林开发银行设有"小企业支持贷款",主要支持小型制造业和个体职业者,如医生、工程师、律师、建筑师等,还有服务行业内的项目。这类贷款数额可以达到项目总成本的90%,或最多5万巴林第纳尔(合13.28万美元)。

根据服务社会经济发展的建行宗旨,巴林开发银行除有开展传统的金融活动外,还向处在创业初期的小企业提供办公地点、财会、秘书、行政管理等基础设施服务的巴林实业孵化中心,提供信息技术培训的巴林技术学院,向农渔业提供贷款的相关机构。

6. 证券市场

巴林证券交易所是巴林唯一的证券交易市场,规模不大,为海合会7个股市中的第6大市场。截至2015年底,共有50家上市公司,市值约为200亿美元。2015年巴林股指以1215.89点收盘,全年跌幅14.77%。

1984年,巴林证券交易所正式开业。1989年6月,巴林股票交易所开业。1994年,巴林允许外国公司股票上市,巴林有上市公司300多家。巴林政府采用双币股票交易制度,即巴林籍公民限购巴林公司股票,外籍投资者限购外国上市公司股票。到2004年9月底,巴林新增加44家上市公司,价值127亿美元。从1998年开始,股票市场交易不佳,流动资金枯竭,股票价格急速下降。为了改变证券市场的被动局面,巴林政府放松了对市场内外企业所有权的限制,允许海湾合作委员会合作公司100%拥有上市公司,而不是以前的49%。对外国人持股的最高限额也由24%增加到

49%。2003年，巴林证券市场的流通量和营业额相对恢复，指数上升到29%。巴林是海湾合作委员会第一个颁布实施投资信托法的国家，良好的投资环境吸引了世界各地的投资商。

六 基础设施建设

（一）逐渐改善的陆路交通

20世纪70年代末，巴林建国初期，境内陆路交通设施十分破旧。当时巴林经济发展缓慢，人口稀少，外籍人口的比例也相对其他海湾国家外籍人口的比例较低，因此，巴林境内对道路基础设施的建设需求不是很迫切，政府对公路建设计划相对迟缓。进入20世纪90年代，巴林除利用石油资源大力发展国民经济外，在制定新的城市发展规划等方面均加大了建设和开发力度。自2007年起，巴林建国以来最大的国际跨海大桥和国内立交桥建设项目全面拉开了序幕。先后建设了巴林与沙特、卡塔尔之间的国际跨海大桥，建设了遍布巴林各主要城市的国内立交桥工程，这大大缓解了发展迅速和人口膨胀导致的交通拥堵现象。

1. 连接巴林与沙特之间的法赫德国王大桥

巴林与沙特阿拉伯隔海相望，以前两国国民来往以飞机和渡轮为主，要用两个小时。两国人民企盼着在海上架起一座跨海大桥。1986年，这一梦想最终实现。大桥的建成加速了两国间的交往，加强了两国与海湾其他各国乃至整个阿拉伯世界的经贸融合。

大桥建设历时4年，于1986年11月26日正式竣工。

在竣工典礼上，巴林埃米尔伊萨宣布大桥被命名为"法赫德国王大桥"。大桥全长约 25 公里，宽 23.2 米，为双向 6 车道，平时使用 4 条车道，最外面的 2 条车道供应急和临时停车使用。每日过境车辆有 1 万多辆，过境人数 2.5 万人。大桥的建成密切了沙特阿拉伯和巴林两国的关系，加速了两国的经贸往来。

2. 巴林与卡塔尔大桥

巴林与卡塔尔大桥是另外一条国际跨海大桥。大桥计划总长为 40 公里，为公路和铁路两用桥，工程耗资近 60 亿美元，成为世界上最长的跨海大桥。桥体东起卡塔尔的阿西里吉角，西至巴林中北部的阿斯卡尔，并通过巴林境内公路连接通往沙特的法赫德国王大桥。大桥建成后，不仅大大缩短了卡塔尔与巴林两国之间往来的距离和时间，还将有助于两国电网和油气管道的贯通，推动海湾合作委员会成员国之间的经贸、文化交往。

3. 锡特拉桥与乌姆哈桑立交桥

锡特拉桥与乌姆哈桑立交桥于 2006 年 11 月 1 日开始建设，旨在重建锡特拉大桥。这是代表巴林战略通道的最重要的工程之一。老桥经过 30 年磨损，已不能承受日益增加的交通压力，这导致禁止大货车通行。该立交桥从乌姆哈桑至锡特拉工业区为 3.2 公里，至谢赫伊萨·本·萨勒曼大道 1.5 公里，整个工程包括铺设高压、低压电缆，输水、煤气和灌溉管道以及排污设施。第一期工程已于 2010 年 7 月 16 日完工。乌姆哈桑立交桥的两座高架桥和麦纳麦至锡特拉大桥，初步缓解了这一路段 40% 的交通拥堵问题。现大桥项目完成后，从麦纳麦至萨勒曼港的车辆可通过此桥畅通无阻地行驶。该项目还包括在原有桥梁西侧兴建2座新堤坝公路立交桥，其中北边桥长200米，南边桥长400米。两座桥均为单向3车道，将来还可根据交通状况，扩建至4车道，2010年10月底完工，共注资1亿巴林第纳尔。

4. 巴林地图立交桥

巴林地图立交桥项目为建在巴林地图枢纽处的两座立交桥，于2009年10月完工，耗资1150万巴林第纳尔。这两座桥改善了通向谢赫伊萨·本·萨勒曼大道的交通状况，项目为东西双向立交桥，桥下设有立体交叉公路信号监控系统。

5. 伊萨城立体交叉公路出入口的立交桥

这一巨大工程从2007年开始动工，共耗资4100万巴林第纳尔，涉及3座独立平面交叉公路的建设，包括建设高架桥，"承担"通往谢赫萨勒曼大道的交通。这一工程还有一座连接谢赫萨勒曼大道和阿勒艾斯蒂卡干道的立交桥。另有一座安装了交通信号监控系统以监控伊萨城入口处的交通状况的桥梁。

6. 巴林城市商城立交桥

该立交桥自38号公路通向谢赫哈利法公路，2009年3月通车，注资597.5万巴林第纳尔，极大改善了希福区和周边正在开发地区的交通状况。

7. 扎拉克桥、巴林大学大门和哈马德城的两座高架桥

这3座桥与谢赫哈利法·本·萨勒曼大道平行，于

2009 年第一季度完工。两座高架桥帮助加快了谢赫萨勒曼大道上的车辆流通速度，缓解了出入哈马德城的交通拥堵问题。车辆的减少为人们通往巴林国际赛车大道和巴林大学节省了时间。该立交桥上装有交通信号监控系统。

8. 里法岛桥和公路建设

该项目建在里法区入口处，经过谢赫哈利法·本·萨勒曼大道，总注资 580 万巴林第纳尔。

（二）现代化的港口

巴林王国是波斯湾中的一个岛国，有 36 个岛屿。对于这样一个地理位置的国家，发展国际集装箱码头和建设现代化港口是其发展和与世界交往的必然途径。

历史上巴林就是本地区海洋运输的重要枢纽，但那时巴林还没有海港和码头，只依靠渔民的自造船只进行贸易交往和货物运输。麦纳麦港是巴林的第一个港口，窄小而简陋，之后巴林修建了萨勒曼港，面积 86.7 万平方米，曾是巴林最大的港口。1967 年 11 月中旬，萨勒曼港开放了 6 个停泊位置，初具规模。进入 21 世纪，萨勒曼港的深水港可以提供 14 处泊位，包括两个集装箱码头，以及滚装船停泊处，并拥有了海湾第一家保税仓库。该港可以停泊 6.5 万净吨量的轮船。但作为海洋枢纽的巴林王国，仅拥有这样一个吞吐能力的海港是远远不够的，因此，巴林政府从 20 世纪 80 年代起就策划修建一座从海港面积到吞吐能力均翻一番的超级海港。2000 年之后，随着巴林经济实力不断增强，多元化经济战略思想不断推进，该构想有了一个完整的计划。政府决定，在穆哈拉克岛的哈德港南部海域相对宽阔的地方，通过填海拓地修建一个现代化的海港。2005年开始实施填海工程，2009年海港一期工程完工，进行试运营。2009年12月，在巴林王国庆祝成立38周年和哈马德国王登基10周年之际，哈马德国王正式宣布该港口正式交付使用。谢赫哈利法首相和谢赫萨勒曼王储出席了庆典活动，并将新港命名为哈利法·本·萨勒曼港，其距萨勒曼港（直线距离）6海里。

（三）停靠世界最宽船舶的干船坞

造船业和国际贸易在巴林经济中发挥重大作用。海港是国际贸易进入巴林的第一口岸，其然后再辐射至周边国家乃至全世界。因此，除建造世界最大船舶停靠的码头外，巴林港还拥有较大的干船坞，其承担着各种船舶的修理和制造任务。目前在哈利法新港的西侧海域，原有的巴林干船坞在这里扩建。巴林干船坞的船台是为近海船舶服务的最理想的船台，可供世界最宽船舶的维修服务。

（四）不断扩建中的巴林国际机场

历史上，巴林就是东西方交往的重要门户。巴林早期是国际商贸之路的天然中转地，后期又成为北部海湾的战略中心。从巴林1932年发现石油开始，巴林航空业几乎在同一时期兴起，在国家的基础设施建设和国民经济的发展中发挥了非常重要的作用。巴林制定并通过了"开放蓝天"的政策，航空运输业的发展使巴林很快成为本地区的金融和旅游中心。

1967年1月，巴林交通部投资550万美元，扩大穆哈拉克的航空集散站。1994年，巴林国际机场完成扩建，修

建了新的客运枢纽站。新客运枢纽站改善了旅客接待厅与
其他设备，每天起降飞机 60 多架次，每年能接纳旅客 100
万人次。2001 年巴林又修建了飞机安全紧急跑道。2004 年，
该机场的旅客通过量高达 520 万人次，比 2003 年增加了
20%。巴林政府进行了机场设备的现代化改造，花费 14 亿
美元增加了新的接客终端和旅客过道。巴林、阿曼、阿布
扎比在这里拥有地区定期航线基地。21 世纪以来，巴林国
际机场一直处于负债状态，2002 年，其主要股东之一卡塔
尔退出。巴林航空公司开始了新一轮的重组，在扭转困境
方面已经取得了初步成效。2007 年 4 月 17 日，巴林与阿曼
政府合资的海湾航空公司在巴林总部举行新闻发布会，宣
布了改革计划，以建立公开、关爱乘客、具有企业家能力
和团队精神的公司文化。计划包括两个部分，一是重新制
订经营网络，以满足巴林、阿曼经济发展之需要；二是强
化航班准时、减少中转时间，向乘客提供优质服务。计划
执行期 2 年，至 2009 年初完成。实施这一计划总投资 8.25
亿美元，主要用于更换机型和更新地面设施。

　　巴林是连接东西方的空中交通枢纽，目前有 5 个机场，
其中位于穆哈拉克岛的麦纳麦国际机场是唯一的对外国际
商用机场，飞机日均起落 300 余架次，是中东地区繁忙的空
港之一。2015 年巴林国际机场全年运送旅客总数 859 万人，
目前大约有 27 个国家的 41 家航空公司的客货机经停巴林国
际机场，其中客运公司 28 家，货运公司 9 家，飞机租赁公
司 4 家，每周有 1048 个航班，每天约合 150 个航班能够飞
往世界大部分国家和主要城市。麦纳麦机场有 18000 平方米

的货运仓库，货物处理量为 20 万吨，管理到位，服务周到，每天 24 小时为客户提供相应服务。

从中国到巴林的航线包括：北京（上海、广州、重庆、香港）—多哈—麦纳麦（卡塔尔航空），北京（上海、广州、重庆、香港）—阿布扎比—麦纳麦（阿联酋航空），北京（上海、成都）—阿布扎比—麦纳麦（阿提哈德航空），香港—阿布扎比—麦纳麦（国泰航空）等。

（五）巴林最大填海工程——巴林湾

巴林湾位于麦纳麦北部海湾，西面与金融港相连，东临穆哈拉克岛，与麦纳麦至穆哈拉克岛大桥连接；北面连接陆地部分的是费萨尔国王大道和谢赫伊萨堤坝公路。巴林湾预计总面积为 85 万平方米，因此是巴林王国最大的填海工程。巴林湾项目是一个集商务、酒店、住宅、旅游、娱乐于一体的综合性项目。项目工期为 10 年，2015 年完工。巴林湾整个项目预计注资 50 亿美元。湾内拥有独立的发电厂、制冷设备、供水系统和污水处理设施，设备均从国外进口。湾内建筑 55% 为居住区，45% 为商务办公区。目前计划建设两个银行、4 家酒店、3 座清真寺，其余为民用住宅和水电基础设施。巴林湾位于巴林北部海湾，海域宽阔，风景优美，位置优越，目标是通过填海拓地，打造一个水陆交融的充满魅力与活力的海滨城市。全部湾上建筑均被海湾流动水环绕，5000 万美元用来绿化、美化环境的预算将使巴林湾的生存环境世界一流，人性化的街心公园及供游人和居住者沿海散步的栈道更令人向往。该项目利用海湾独特的地理位置和壮美的风景，使巴林湾上水陆交融，设计独特的建筑物、桥梁、公路、绿地，错落有致，立体交叉。

巴林湾的填海工程巨大，一道道防护堤坝不断建成。2006年10月，湾上第一道海上防护封锁墙建成，填海工程开建。在填海拓地的同时，2007年完成了整体设计方案和湾上水电等基础设施的建设。2008年2月，填海工程和拦水堤坝全部建成。巴林湾虽说是由私营企业开发，但质量极高。整体建筑设计均由国际著名设计师完成，基础设施也邀请了外国优秀企业完成，基础设施的原材料也均从国外进口，工程质量堪称世界一流。巴林湾上的水路设施和陆地绿化也是该项目的一个亮点。该项目利用天然海水打造了一条四通八达的人工河，三座桥梁将湾上数座建筑连接起来。由于人工河与海湾海深水平一致，因此湾内水流与海水可相互流通，使所有建筑均被干净的流动海水环绕，大大提高了巴林湾的旅游、绿化、环保和观赏价值。

（六）国际市场化的巴林电信

巴林是中东地区电信市场开放较早的国家，目前有一家本国综合运营商巴林电信公司，两大跨国移动运营商子公司，以及十余家宽带、语音、服务提供商。巴林电信监管局连续两年被评为中东非洲区域最佳监管机构。

1967年1月，英国通信公司在巴林阿布贾祖尔角地区修建卫星转播地面接收站，从此开通了中东地区第一个卫星地面接收站。1973年，巴林成为海湾国家中第一个发送彩色电视信号的国家。1981年，巴林政府从英国人经营的电信公司中取得60%的股份，并把公司改组为巴林电信公司。1992年，巴林电信公司完成了网络的数字化。1994年，巴林政府投资4870万美元升级网络系统。1995年，巴林电信公司在国内拓展网络业务。随后又成立了巴林电信公司中东公司，追求丰厚的海外利润。1996年，海湾4国共投入2亿美元投资海底光缆项目。2001年，巴林结束巴林电信公司对市场的垄断，开放巴林电信市场。同年，巴林电信公司购买了阿拉伯网络信息服务公司75%的股份，为阿拉伯地区提供网络服务。2002年，巴林电话线路有16万余条，平均每4人一条，移动电话数超过普通电话数。巴林的互联网用户及电脑普及率居海湾国家之首，在阿拉伯国家中居第2，世界排名第17。

21世纪以来，巴林电信实现市场化。2002年，巴林建立电信监管局，致力于与政府、开发商和用户合作，打造一个丰富巴林社会和商务活动的通信环境，以有益于巴林电信市场和经济的发展。2003年春，电信监管局授予科威特移动电信公司15年的许可证，建立了巴林第二个移动通信网络全球系统。2004年7月1日，巴林全面开放电信市场，成为海湾地区首个全面开放电信市场的国家。同年7月巴林开始了宽带网络的招标。巴林电信监管局说，巴林是第一个参与电信竞争的开放国家。国际电信联盟数据表明，巴林每100人中就有26.8条宽带，共有18.58万个用户。

巴林手机市场大多数为预付费方式。2004年4月，英国MTC电信公司获得许可，在巴林经营第二代移动电话系统，与巴林电信竞争，时间为15年。2009年初，巴林电信监管局通过招标方式发放了第三张移动电话经营执照，其由沙特电信公司获得，系统在 2010 年 1 月开始运营。目前，巴林拥有 4 个卫星地面站，其与国际卫星组织及阿拉伯卫星组织的卫星相连。此外，还有巴林有线无线通讯公司等电信公司。

　　巴林是中东地区互联网覆盖程度最高的国家，截至 2015 年，互联网渗透率达 96.4%。在海湾国家中，巴林的电子政务系统建立最早，其战略目标是能够透过互联网提供 90% 以上的重要服务。商业方面服务包括企业注册、工作许可、银行服务、政府合同的电子投标等。电子政务系统可以在网上提供多项政府服务，如居民可以线上支付公共设施账单、交通罚款，旅客可以线上申请旅游签证等。

第二章 民族宗教与民俗禁忌

第一节 民族

巴林本土人多数是阿拉伯人的后裔，少数为伊朗和犹太人的后裔。

一 民族概况

从民族构成来看，巴林居民主要为阿拉伯民族，约占62.1%。其他为印度、巴基斯坦、孟加拉国、伊朗以及其他东南亚国家、西方国家的外来移民，外来移民约占巴林总人口的1/3。

二 阿拉伯民族

阿拉伯民族，泛指讲阿拉伯语的各民族。"阿拉伯"一词最早出现于公元前9世纪，阿拉伯人主要分布在西亚和北非阿拉伯国家，占这些国家居民的大多数，还有一小部分分布在土耳其、伊朗、阿富汗、印度尼西亚、埃塞俄比亚、索马里、乍得、坦桑尼亚等国，有2.3亿人。阿拉伯语为阿拉伯国家官方用语，属闪-含语系闪语族，分为众多方言。他们自6世纪起使用源于阿拉伯字母的阿拉伯文字。巴林绝大多数人信仰伊斯兰教，多数属逊尼派，少数属什叶派。此外，黎巴嫩、叙利亚、巴基斯坦、约旦的极少数人信仰基督教。

三　巴林民族与社会现状

巴林籍的人口结构又主要分为三个阶层：第一阶层是以哈利法家族为主的统治阶层和大家族的商业寡头；第二阶层是与哈利法家族结盟的普通阿拉伯部落与家族，即政府官员、大商人、高管人员等；第三阶层包括城乡普通职员、工人、工匠、技工；普通商人、农民等，第三阶层以什叶派居民为主。外籍人口中的少部分进入了巴林国家机关或企业的高管层，或在巴林积累了巨额财富，有一定的社会地位；更多的外籍人士为本地人打工，或仅谋取了较低的职位。他们主要来自印度、巴基斯坦、孟加拉国、伊朗、菲律宾和阿曼等国。

巴林本国人口中，什叶派穆斯林占65%以上，其余为逊尼派穆斯林。巴林是阿拉伯国家中什叶派穆斯林比例最高的国家，也是为数甚少的以少数逊尼派为统治者的国家之一。以哈利法家族为首的逊尼派穆斯林自1782年开始统治巴林岛，之后又有其他逊尼派穆斯林先后进入巴林，但什叶派穆斯林始终占多数，什叶派在巴林的政治地位一直不高，生活始终处于低下水平。尽管巴林在政治和民主改革方面进行了一些尝试，但国家的土地和石油等资源以及财富始终集中在统治者手里。独立后，什叶派官员开始进入内阁、协商会议和众议院，但所占比例与其人口数量比例相差甚远，且只能在一些缺乏实权的部门任职。什叶派居民在就业、任职、医疗、住房等方面都处于社会底层，经济上较为贫困，这形成巴林社会贫富差距较大的现象，政治权利和社会财富分配的严重不公问题成为巴林社会最大的不稳定因素。

整体来说，巴林城市商业精英包括两部分：一部分精英是生活在巴林岛中部的巴林本土人，另一部分是在巴林珍珠业繁荣时从海湾海岸来的移民。前一部分包括与哈利法家族有着密切关系的纳吉迪斯家族，他们主要从事商业活动，是南亚地区珍珠产品的主要供给者。

国家的行政人员位于巴林社会的第二个阶层。政府高级官员来自巴林岛的商业社团，但中级雇员则来自巴林社会的各个阶层。巴林本土小商人和店主来自三个不同地区：第一个是来自科威特的逊尼派人士，他们的祖先陪伴哈利法家族于18世纪来到巴林岛；第二个是植根于哈萨地区的什叶派商人；第三个是波斯的什叶派人士，他们长期受到巴林本土居民的敌视。这些人集中在麦纳麦、胡拉和阿加木等地，其成员被排除在巴林主流社会之外，影响力较小。

小商人、农民和手工业工人等不同的力量构成了巴林社会的下层。小商人的生存依赖于与商业寡头的合作。随着哈利法家族在巴林政治地位的巩固，小商人阶层成为哈利法家族的支持者，这为自己提供了发家致富的机会。农民大都是什叶派穆斯林，是居民中最主要的部分。20世纪90年代以前，尽管巴林岛财富主要来源于珍珠业，但农业仍是巴林国家经济的重要产业。城市人口大多数属于工人和低水平的雇佣者，这些无产阶级主要集中在麦纳麦和穆哈拉克的旧郊区，这里是巴林最贫穷的地区。他们有的属于逊尼派，有的属于什叶派。本土的工人在反对外来移民（如波斯人、阿曼人和印度人）时表现出团结意识。

第二节 宗教

伊斯兰教为巴林国教，85%的居民信奉伊斯兰教，其中多数属什叶派。其余居民信奉基督教、犹太教等。

一 宗教概述

巴林人信仰的宗教有犹太教、基督教、祆教与伊斯兰教。在波斯统治巴林期间，犹太教、基督教和祆教都相继传入巴林。公元3~4世纪，许多巴林人信仰基督教。5世纪初，基督教的景教在巴林被传播。7世纪，伊斯兰教传入巴林，成为巴林人信仰的主体宗教。巴林85%的居民信奉伊斯兰教（其中什叶派占70%，逊尼派占30%），其余信奉基督教、犹太教等。巴林是阿拉伯国家什叶派人口比例最高的国家，也是为数甚少的以少数逊尼派为统治者的国家。巴林实行宗教信仰自由政策，国内的外籍居民大多信仰基

督教，占外国人的 92%，其余外籍居民信仰印度教、佛教
和犹太教等。为了缓和教派矛盾，巴林政府推进住房改革，
修建了"熔炉城"，要求逊尼派和什叶派生活在一起，逊尼
派和什叶派的清真寺也并排而建。尽管如此，但二者的融
合并不顺利。

二　伊斯兰教

（一）什叶派

15 世纪，巴林与伊拉克的库法和纳杰夫一道成为什叶
派宗教教育和学术研究的中心。1782 年，信奉逊尼派的哈
利法部落自卡塔尔征服巴林，结束了什叶派在当地占主导
地位的历史。19 世纪 20 年代，来自沙特的达瓦斯尔部落受
邀协助哈利法部落夺占岛屿土地，什叶派的生存空间进一
步缩小。自 18 世纪末期起，哈利法家族成为巴林的统治者，
什叶派文化在当地的兴盛期宣告终结。这成为以统治者哈
利法家族为核心的逊尼派和当地什叶派矛盾的历史根源。
在哈利法家族占领巴林后，许多逊尼派阿拉伯人随之进入
岛内，但什叶派穆斯林始终在当地占据相当比例。1941 年，
巴林官方曾进行过人口调查，穆斯林数占本土人口数的
98%，其中 53%属于什叶派。目前，巴林什叶派人口数占
总人口数的 70%，巴林什叶派按来源主要分为两类，一类
为本土巴林人，属阿拉伯人，约占总人口的 50%；另一类
是伊朗裔什叶派穆斯林，20 世纪之前进入巴林，其数量约
占总人口数的 20%。尽管什叶派占巴林人口的绝对多数，
但他们在国家中处于边缘地位，无论政治和社会地位还是

经济实力都无法与以哈利法家族为核心的逊尼派相提并论。什叶派政治地位低下，无力影响国家决策，由于各种限制，难以享有政治权利。涉及国家安全的部门，只雇用逊尼派，什叶派基本被排除在外。在王室法庭、国民卫队和情报机构中完全没有什叶派，内政部和军队中的比例则不到3%。而在政府中任职的什叶派人数很少。什叶派在政府中缺少有力的政治代表，根本无力维护自身的合法权益。

（二）逊尼派

尽管逊尼派人数较少，但自从17世纪以来，逊尼派一直得到最有势力的哈利法家族的支持，在巴林国家占据优势与统治地位。18世纪，哈利法家族从卡塔尔移居巴林，宗教权威一直与部落权威形影相随。到19世纪末，统治者任命了逊尼派法理学家主持诉讼法院，包括处理巴林部落间的争斗和私人家庭纠纷案件。宗教与政治形成统治联盟，前者为后者寻求政治合法性，后者则为前者提供庇护与保障功能。

巴林逊尼派分为三个不同的学派：第一派属于马立克教法学派，第二派属于罕百里教法学派，第三派属于沙菲仪教法学派。哈利法家族及其部落联盟崇奉马立克教法学派，他们严格遵守伊斯兰教法和圣训，尊重《古兰经》经典的规范解释。巴林商业精英集团构成了罕百里教法学派的主导力量。

巴林逊尼派包括三股力量。一是1783年从阿拉伯半岛来的哈利法家族，他们是巴林现政府国防力量的骨干。二是来自阿拉伯半岛中心利雅得的内志人,他们属于内志家族,这些人住在城市,从事商贸活动,许多人担任政府高官。三是哈瓦拉人,这些人早些时候居住在海湾地区,后来又移居到波斯,然后又回到阿拉伯海岸,哈瓦拉人从事商贸活动,大都是商业精英。

三　巴林宗教的特点

阿拉伯民族与伊斯兰教作为海湾文明对巴林有着直接影响,这种民族宗教资源深深浸染到巴林政治精英和普通民众的社会生活深处,伊斯兰教在巴林的政治、法律、教育、日常生活等领域起着不可低估的作用,宗教是巴林民众的民族精神,是巴林传统价值观念和行为规范等组成的内在整体。但与其他阿拉伯国家相比,巴林宗教传统与现代理念更加和谐共处,伊斯兰教在巴林现代化进程中经过传承、整合,融入现代社会。

(一)伊斯兰教在巴林国民生活中起着重要作用

巴林法律以伊斯兰教为依据,全国一共有7个卡迪,即伊斯兰教法执行官。《古兰经》与《沙里亚法典》是所有普通学校的必修课。巴林除普通学校外还设有专门的宗教学校,以为当地培养教职人员。国内普遍遵循一日五次的礼拜及其他宗教仪式,一些伊斯兰妇女按照伊斯兰教法的规定决定自己的终身大事。

(二)什叶派运动的抗争

巴林什叶派虽占人口多数,但政治地位低下,经济上大多贫困,并遭到多种歧视和限制。长期以来,什叶派和逊尼派的反政府力量联合反对哈利法家族的统治。20世纪90年代以来，什叶派与政府的矛盾激化，其政治组织成为主要的反对派力量。面对什叶派的抗争，哈利法家族采取多种措施，以强硬政策予以回应。近年来，巴林政府实施了一系列改革措施，缓和了与什叶派的矛盾。

（三）开放与包容

与其他海湾阿拉伯国家相比，巴林宗教更加开放和包容，一些国家的清真寺一般不对游客开放，即便开放也没有向游客介绍伊斯兰教的服务，巴林正在改变这一现状，麦纳麦清真寺内开设了伊斯兰教历史讲堂，这吸引了很多游客，讲师生动地讲述伊斯兰教的历史以及信条，免费发放多种文字包括中文版的古兰经，如果有疑问就提供一对一的答疑，巴林开创了一种互动学习伊斯兰教的方式，以增进人们对伊斯兰教的认识。巴林虽然是阿拉伯国家，但是对于饮酒、女性服饰等要求不严，周末从周边各国过来的观光客也多了起来。巴林治安状况较好，对于外国文化比较宽容，外国人在这里生活比较自由。

（四）女性地位提高

随着时代的进步，女性开始在巴林各个方面崭露头角，巴林女性在国家和社会生活中的地位日渐提高。2000年埃米尔任命了6名妇女为协商会议议员，2004年开罗大学医学院的娜达·哈法兹女士被任命为卫生大臣，她也是巴林第一位女大臣，这在传统观念里是不可思议的。

第三节 民俗

一 服饰民俗

巴林的纺织品和传统服饰在历史上闻名海湾地区，巴林传统民族服饰以美丽著称。巴林人家庭生活主要以部落习俗和伊斯兰教为基本准则。中东各种力量汇聚的地缘政治格局，使得巴林家庭更具大都市开放性社会的特征。巴林比其他国家更自由、开放，大多数妇女都接受过教育，她们能够在企业中施展自己的才华。居住在乡村的妇女一般都遵循传统的宗教规定和生活秩序，担负着相夫教子的职责。

男人的传统服饰称为思瓦卜，是一件带有长袖、没有领子的白布棉织长袍。夏季，男子一般穿白色长袍，布料为较薄的棉布，头上佩戴一条棉头巾，脚下穿凉鞋。男子在冬天一般穿着由驼毛制成的长袍，外披一条羊毛披风或套上外罩，佩戴一条毛织头巾。

按照《古兰经》规定，女性全身为羞体，避免暴露在外。在乡村地区，大多数巴林人都穿传统服饰。在首都麦纳麦等大都市，有一些城市居民也穿着西方的流行服装，显示出巴林社会的多样性。巴林妇女可以在公共场所抛头露面，头部、脸部和手可以露在外面。妇女穿传统棉丝做成的长袍，里面穿松散的内衣。长袍一般颜色明亮，上面有刺绣等装饰品。在特殊的场合下，妇女可以佩戴金银等饰品。头用头巾包住，仅脸部留在外面。女性外出或出现在一些特殊场合时，一般将衣服上角顶在头上，在公共场合妇女遮脸的物件是一个名为米尔法的网状遮盖物。女士的裤子面料多为棉布和丝绸等，棉布裤料一般上部较宽，绸类裤料一般底部较窄，且在脚踝处留一小口，在裤边等处有时会镶一些金银丝边。

二　娱乐休闲民俗

巴林人喜欢各种休闲活动，包括赛马、球类运动、沙漠露营等。几个世纪以来，驯养马匹一直是阿拉伯半岛民众所珍视的民间传统。据说易卜拉欣的儿子伊斯玛仪是阿拉伯半岛驯服马匹的第一人。如今，富有的巴林人都以拥有纯种的阿拉伯马而自豪。巴林人十分喜欢骑马学校和赛马俱乐部。

西方文化也在巴林运动中展现出来。许多巴林居民喜欢板球、棒球、网球、壁球和高尔夫球。足球是巴林人最喜欢的体育运动。巴林人的祖先大都是居住在沙漠地区的贝都因人。现代浪漫的巴林人喜欢乘车携全家到大沙漠里，搭起帐篷，度过自己愉快的周末，并回味祖先的艰难岁月。巴林小孩喜欢玩捉迷藏等游戏，享受童趣。女孩喜欢用旧衣服做成的玩具来表演节目，男孩喜欢乘自制游船参加竞赛。

三　饮食习俗

巴林为伊斯兰国家，正式宴请须用清真餐，不上酒。

但巴林社会比较开放，很多饭店可以提供猪肉和酒类。巴林人的饮食表现为烹调风格丰富多彩，传统菜肴主要利用本地原料，包括水产品、羔羊、稻米和椰枣。鲜美食物一般都要加入香料。

巴林岛内土地肥沃，适合种植多种蔬菜和水果，如椰枣、香蕉、杧果、石榴、黄瓜和西红柿。肉类主要来自其他国家，但在本地很容易获得鱼类和小虾，渔民以此为生。

巴林与其他阿拉伯国家一样，有喝咖啡的传统。巴林人在咖啡中加上小豆蔻、藏红花，它们有玫瑰香味，用小杯品尝。传统习俗要求客人在饮尽一杯咖啡后，再饮第二杯，客人可以通过摇动杯子表示拒绝。

四 订婚习俗

在巴林，订婚时，男方要给女方一定聘礼，新娘用此购买首饰、衣服、香水和家庭用品。巴林人结婚时，同村的小伙子们把新郎送到新娘家。新娘梳洗完毕在手和脚上涂抹花粉软膏，穿上纳沙勒，然后围以毯子，坐在新郎房间的椅子上，妇女们做完这一切后念道："愿真主赐福给你！"之后，新郎揭开新娘的面纱，取下戴在她头上的斗篷，双膝跪下，祈求真主赐福于未来。

第四节　禁忌

在海湾国家，伊斯兰教的传统和道德规范受到政府和广大民众的坚定维护，对当地的政治、经济、文化影响重大。巴林人虔诚信奉伊斯兰教，以神圣的教义为内在准绳。在中巴交往中，一定要充分注意文化上的差异，因为只有彼此尊重对方的传统观念，适应文化上的不同之处，才能为进一步深化合作创造必要的前提。

一　交谈禁忌

巴林人极其好客，与他们打交道，客人必须先喝阿拉伯咖啡。按照习俗，客人欣然饮用咖啡是对主人的尊敬，这是做好生意的第一步。但喝咖啡也必须有礼有节，不宜连喝三杯以上，而且在饮用过程中要不时咂嘴出声，表示很喜欢主人的咖啡，这会博得巴林人的好感。

在与巴林人交谈过程中，要十分注意自身的形体语言，切不可像与西方商人谈判那样。如在巴林人面前，不能跷起二郎腿，更不能将鞋底朝着对方，也不可以用手指指着对方说话，或者边抽烟边谈话。尤其是在长者和商界权威面前，抽烟将被视为不敬。一旦这些无礼举动出现，生意基本上就会告吹，因为巴林人憎恨人格上的侮辱行为。

巴林人不喜欢西方商人近乎生硬的直率，他们的言谈方式讲求婉转妥帖。在阿拉伯社会中，谈话中避免"不"字是一种美德。与巴林人交谈，西方商人常常会在不知不觉中得罪了对方。

二　商业谈判禁忌

巴林商人在商业谈判中，非常注重自己的身份，往往要住五星级宾馆，摆出一副"阔佬"的派头，但在谈判中，斤斤计较，常常会为一分钱争得面红耳赤，所以，在具体谈判中，与巴林商人谈生意必须有"愚公移山"的耐心，做好打持久战的思想准备。

与巴林商人洽谈业务时，不要涉及中东政治、石油政策以及敏感的宗教问题。如在巴林商人面前忌讳称穆斯林为"穆罕默德"，忌讳称"阿拉伯湾"为"波斯湾"，但可以简称其为"海湾"。巴林商人性情开朗，重视友情，只要充分尊重他们的传统习俗，就能够为下一步的谈判打下良好的基础。

冬天与客户约会时，宜穿保守式样的西装，拜访时必须先预约。另外还需注意拜会时间，通常每周五、六、日巴林人不上班。巴林商界喜欢以喝咖啡代替饮酒，宴会多在家中举行。

在对巴林出口的商品包装上，切忌用猪和十字形图案造型，禁用六角星形。因为它与以色列国旗图案相似，容易引起误解。在阿拉伯社会中，骆驼、孔雀、花卉图案象征着吉祥幸福，而垂柳则标志着悲伤与死亡。巴林人对鲜艳夺目的色彩十分喜爱。他们最喜欢绿色，对金银等珠光宝器、富丽堂皇色彩搭配也非常欣赏。在巴林人眼中，白色象征纯洁，绿色象征生命，土黄色象征神圣与高贵，因此国王身披金黄色长袍，而粉红色、紫色则被视为晦气的色彩。

三　宴会禁忌

巴林人常常在家举办各种宴会，这种宴会的参加者必定全是男性。当收到邀请时，应当欣然前往，并带上一份礼物。但礼物不要给商人的妻子，更不能询问主人的妻子、儿女的事情，切忌抚摸女孩子。伊斯兰教严禁偶像崇拜，玩具娃娃之类外形像人的东西严禁置于家中当装饰品，因此，绝对不可以把玩具娃娃当礼品送给阿拉伯商人。另外切忌在各种场合问阿拉伯男性商人"你有几位妻子?"之类的问题。

四　时间观念

时间观念的不同，也是与阿拉伯国家开展贸易的一大障碍。在讲求效率的西方商人眼中，阿拉伯商人的时间观简直不可思议。阿拉伯商人不按计划安排的时间顺序进行活动，而时间随着活动的进展进行伸缩调整。有时，阿拉伯客商可能把你心急火燎等待答复的问题搁置一边，悠然自得地几个星期不回电话。简单的约会磋商也常常会变成马拉松式"恳谈"。近10多年来，受到全球化、国际化市场规则的影响，阿拉伯商人的时间观也正在逐步改变，他们逐渐与世界商业规范接轨。

五　其他禁忌

巴林有不少奇特的风俗和纪念日。相传在每年的伊斯兰教历8月15日夜，安拉决定人们一年的生死祸福，故而在这一天，穆斯林白天封斋，夜间诵经、礼拜，以求安拉赐福人间。

穆斯林妇女一般都深居简出，如外出，需戴上盖头或面纱。伊斯兰教认为，妇女全身除手脚外都是羞体，而男人窥见陌生妇女的面容，则被认为是不吉利的事。

在中巴商贸文化交流中，要熟悉彼此的商贸运作规范、规则，达到知己知彼，相互理解沟通。同时一定要善于学习和总结经验，学习和了解阿拉伯世界的历史传统和文化，尤其要理解和把握巴林企业家的文化心理。只有彼此尊重、理解、友好交流，才能够使中巴商贸文化交流不断迈上新的台阶。

第五节　节　日

巴林是伊斯兰教国家，星期五和星期六为周末休息日。政府部门工作日为星期日至星期四共五天，工作时间一般为上午 7 点半到下午 2 点。国家法定节日有十几天，其中：每年 1 月 1 日元旦、5 月 1 日国际劳动节、8 月 14 日巴林独立日、12 月 16～17 日国王登基日为国家假日。伊斯兰宗教主要节日有伊斯兰教新年（伊斯兰教历 1 月 1 日）、阿舒拉节（伊斯兰教历 1 月 9～10 日）、穆罕默德生日（伊斯兰教历 3 月 12 日）、开斋节（伊斯兰教历 10 月 1～3 日）和宰牲节（伊斯兰教历 12 月 10～12 日）。

一　元旦

每年公历 1 月 1 日，元旦是公元纪年的第一天，是一年的开始。

二 开斋节

伊斯兰教历 10 月 1 日为开斋节，放假 3 天。伊斯兰教法规定，伊斯兰教历每年 9 月为斋月，凡成年健康的男女穆斯林，都应全月封斋，即每日从拂晓至日落禁止饮食、娱乐和房事。封斋第 29 日傍晚如见新月，次日即为开斋节；如不见月，则再封一日，共 30 天，第二日为开斋节，以庆祝一个月斋功圆满完成。

三 宰牲节

伊斯兰教历 12 月 10 日为宰牲节，是伊斯兰教三大节日之一，放假 3 天。宰牲节一般在开斋节后 70 天举行。据说，伊斯兰教的一位先知——易卜拉欣，在一天晚上，梦见安拉命令他宰杀自己的爱子伊斯玛仪，以祭献安拉，考验他对安拉的忠诚。易卜拉欣遵从安拉的旨意，安拉很受感动。第二天宰杀伊斯玛仪时，安拉派天使背来一只羊代替伊斯玛仪做祭物。从那以后，穆罕默德就把伊斯兰教历 12 月 10 日开始的 3 天定为"宰牲节"。

四 伊斯兰教新年

伊斯兰教历 1 月 1 日为伊斯兰教新年，放假 1 天。第二任哈里发欧麦尔执政时，为纪念公元 622 年穆罕默德从麦加向麦地那的迁徙，将这一年确定为伊斯兰教历的纪年元年，因此，这种历法被称为希吉拉历。中国穆斯林习惯上称为"回历"，伊斯兰教历的 1 月 1 日也被称为回历新年。

五 阿舒拉节

伊斯兰教历1月10日为阿舒拉节,放假1天。"阿舒拉"为阿拉伯文"第十日"的音译,伊斯兰教圣日。在阿舒拉节上,一些什叶派穆斯林会用铁链鞭打自己以纪念穆罕默德外孙侯赛因的遇难。

六 圣纪

伊斯兰教历3月12日,也称为圣忌节,阿拉伯语称"冒路德"节。相传,穆罕默德的诞生和逝世都在伊斯兰教历3月12日,穆斯林为纪念先知穆罕默德复兴伊斯兰教,遂在他诞生和逝世的这天举行宗教集会,后逐渐演变为伊斯兰三大宗教节日之一。节日活动通常由当地清真寺伊玛目主持,届时,穆斯林沐浴、更衣,穿戴整齐,到清真寺做礼拜,听阿訇念诵《古兰经》,讲述伊斯兰历史和穆罕默德复兴伊斯兰教的丰功伟绩。

第三章　文化与旅游

第一节　文化特色与文化影响

一　文学特色与影响

巴林文学历史悠久，9~12世纪，海湾地区诗坛人才辈出，其中最著名的人物是"诗歌之星"塔尔法·本·阿卜杜。他一生创作丰富，可惜作品大都失传，至今只留下7部长诗。16世纪初，巴林沦为奥斯曼帝国的行省后，文学体系体现了奥斯曼帝国集权政治的特征，文学的表现形态主要是展示宫廷文学的丰富内涵，传统的本土文学内容极为乏味。巴林境内的著名诗人有艾布·巴赫尔和阿卜杜·贾利勒·塔巴·塔拜，前者是阿拉伯文学新流派的鼻祖，后者的作品特别受到民众的欢迎。这些作品为巴林留下了丰富的文学资源，是巴林文学发展史上的宝贵遗产。

19世纪末到20世纪初，巴林文学发展表现出以下特点。一是流派纷呈，其中古典主义与非古典主义流派极为醒目，前者主张恢复阿拉伯—伊斯兰文化的古典创作传统，受埃及、叙利亚和黎巴嫩的文学思潮影响；后者主张利用古典作品的传统描写手法叙述事件。二是诗人、作家的创作活动极为活跃，文学史上出现了唇枪舌剑的生动局面。非古典主义派在同古典主义派的激烈论战中，不断补充和丰富自己的描写手法，其影响日益深远。三是名家辈出，如古典主义派代表人物易卜拉欣·本·伊萨·哈利法（1850~1930年）、穆罕默德·本·伊萨·哈利法。这两位诗人为后人留下了大量的诗歌，特别是易卜拉欣在巴林文学界所起的作用堪与埃及诗人、启蒙者穆罕默德·萨米·巴鲁迪（1839~190~年）相比。非古典主义派的代表人物有阿卜杜拉·扎耶德（1899~1945年）、阿卜杜·拉赫曼·穆阿乌德（1911~?）等。其中阿卜杜拉·扎耶德所做的贡献最为突出。四是文学团体与文学报刊的出现，表明文学创作发展的组织化、制度化倾向。如古典主义派成立了阿拉伯古典主义崇拜者团体，参加者有悲观主义诗人阿卜杜拉·法拉季、阿里·穆巴拉克、阿卜杜·卡迪尔等。非古典主义派在1920年成立"文学俱乐部"，这是后来巴林"文学家、作家协会"的前身。1939年，阿卜杜拉·扎耶德引进了第一台印刷机，创办了文学报《巴林》，这是巴林历史上的第一份报纸，从而填补了巴林新闻界的空白。《巴林》刊登文学评论、时事动态，并开辟政治专栏，报道国内外新闻。1945年，阿卜杜拉·扎耶德逝世，第二次世界大战结束后，《巴林》被当局勒令停刊。五是巴林文学表现出现实性、实践性与灵活性的特点，文学与社会生活紧密联系在一起，文学界提出"为生活而创作"的口号。第二次世界大战后，文学家们又提出文学创作"现实主义与人民性"的口号。

20世纪中后期，巴林文学发展有四个特点。一是现实主义文学在巴林发展很快，并占据主导地位。该派作家有易卜拉欣·阿里德（1908~2002年），他发表的诗集有《未婚妻》《蜡烛》《两次接吻》等。长诗《牺牲英雄们的土地》真实地描绘了巴勒斯坦地区的阿拉伯民族主义运动。他的作品被译成多种语言文字，先后在英国、美国和其他西方国家出版。此外，他还在1958年编辑出版了阿拉伯国家的《当代诗选》。20世纪50年代末，他发表的文艺评论《论现代诗歌》详细论述了阿拉伯国家120位大诗人的创作风格。二是巴林诗歌或用法文创作，或用阿拉伯文创作。用法文创作的著名诗人有卡西姆·哈达德（1948~）、阿拉维·哈希米（1946~）等。用阿拉伯文甚至当地方言进行创作的著名诗人有阿里·阿卜杜拉（1944~）、易卜拉欣·布欣迪和阿卜杜·拉赫曼·拉菲等人。阿里·阿卜杜拉著有诗集《阿明·萨瓦里》（1969年）、《渴望荣誉》（1970年）、丛书《人与海》等。这些作品体现了文学家的现实主义创作方法，如阿卜杜·拉赫曼·拉菲在创作诗集《海员之歌四首》（1970年）之后，又转向小说创作。1971年，他还发表了以巴林现实生活为题材的短篇小说集。三是风格多样，情感细腻而丰富。卡西姆·哈达德的诗集《好消息》（1970年）、《叛城来的侯赛因之头不知去向》（1972年）、《他人的血》（1980年）等作品反映了巴林社会诸多政治、经济问题，揭露了社会生活中的不平等现象和统治者的暴行。著名诗人阿卜杜·哈米德·卡义德著有诗集《酷恋》（1980年），其作品充满悲观失望的情调。阿利亚维·哈舍米著有《悲伤从何处来》（1972年）等诗集，反映穆斯林妇女低下的社会地位，对受侮辱、受欺凌的妇女深表同情，具有浓厚的抒情色彩。四是反映现实生活。20世纪60年代初，一些青年作家提出文学创作应面向生活，面向社会现实，提倡用现实主义手法进行创作。穆罕默德·阿卜杜勒·马立克是现实主义奠基人之一。1972年，他发表了短篇小说集《一个汽车司机之死》，该小说集文风清爽、内容丰富，他因此饮誉文坛。从事现实主义创作的青年小说家还有穆罕默德·穆斯塔法·哈米斯、哈利夫·阿赖费、艾哈迈德·焦姆、艾哈迈德·赫杰伊里、阿卜杜拉·哈利夫等。穆罕默德·贾比尔·安萨里在巴林文学评论界享有崇高威望，他是海湾地区第一位当代文学史家，1969年，他发表文学评论专著《酋长易卜拉欣·哈利夫遗著》，1970年又发表《海湾来的消息》一书。

长期以来，巴林没有自己的作家社会团体。20世纪60年代中期，巴林民族主义者曾计划筹建作家协会。1969年9月，巴林成立了第一个作家组织——"文学家、作家协会"。这个组织在争取创作自由、创作新文学的斗争中起了领导作用。"文学家、作家协会"经常组织文艺晚会、讨论会，总结创作经验。在极其困难的条件下，坚持为青年作家提供发表作品的机会，并注意培养文学爱好者。在该会的影响下，巴林的艺术爱好者团体从1967年的13个发展到1974年的20个。巴林独立后，该会和阿拉伯国家建立了联系，成了阿拉伯国家文学家总联合会和亚非作家协会成员，并常派代表出席区域性或世界性的作家代表大会。

二　艺术特色与影响

（一）戏剧特色与影响

巴林的戏剧发展较晚，20 世纪 30 年代一些戏剧爱好者团体在俱乐部、慈善晚会上进行演出。20 世纪 60 年代，巴林掀起了建造现代剧院、创作新剧的运动，并出现职业剧作家，如法伊萨尔·哈尔方、拉希德·马乌德、本欣杰等。

巴林专业剧团出现于 20 世纪 50 年代中期，20 世纪 70 年代始有"艾瓦勒剧团""民盟剧团""半岛剧团"，主要演出讽刺喜剧，剧本有的来自本地作家，也有的移植于科威特、埃及等国的作品，并加以修改。比较有名的剧作家有阿卜杜拉·艾哈迈德、拉希德·穆阿威德、素丹·萨利姆、穆罕默德·萨利赫·阿卜杜·拉齐格、穆罕默德·阿瓦德、阿卜杜·拉赫曼·白拉卡特等人。

20 世纪 70 年代后，巴林戏剧取得了令人瞩目的进步，剧团先后到科威特、阿联酋和叙利亚进行访问演出，与此同时，叙利亚、埃及的剧团也应邀赴巴林演出。从整体上看，巴林戏剧仍存在一定的问题，如缺乏高水平的剧作家和戏剧艺术人才、经费不足、财政困难、旧传统习惯禁止妇女登台演出等，这些因素都影响着戏剧艺术的正常发展。

（二）小说特色与影响

20 世纪初，海湾国家文化得到了一定发展。巴林距伊拉克较近，受伊拉克的文化发展影响较大。阿拉伯国家的刊物，尤其是埃及报刊在巴林拥有广大的读者群。在文化政策较宽容的情况下，巴林的新一代文化青年成长起来。人民需要一种新的文学样式，来表达他们的愿望，反映他们的问题，这时候诗歌已经不能满足他们的要求，在这种形势下，小说脱颖而出。

巴林王国小说的特点如下。

第一，准小说、传统小说与艺术小说的历史继承发展。1941年初，《巴林日报》以节译本的方式刊载了契诃夫、托尔斯泰的两部短篇小说，这是巴林"准小说"的开始。传统小说是巴林小说初期的作品，写作风格基本上分为两种：一是苏菲式主人公的个人奋斗故事；二是不进行艺术加工，进行简单的生活白描，如短篇小说集《梦幻面面观》。艺术小说是新一代作家创作的一种反映巴林新时代精神、与阿拉伯环境息息相关的小说。这类小说以探讨社会问题为主，作品故事大都是作者的亲身经历或所见所闻。巴林艺术小说的先驱是青年小说家穆·阿·马立克，共出版了两本短篇小说集《马车夫之死》和《我们热爱太阳》。

第二，内容丰富，趣味横生，达到很高的艺术水准。这类小说有事件、有人物，记录日常生活中发生的事情。20世纪50年代，艾哈迈德·苏莱曼·凯马尔的小说对离婚、早婚、多子女、酗酒、赌博等陋习进行批评。穆·阿·马立克小说集对巴林的历史，巴林的贫民区、狭窄街道、沿海椰枣林、渔村、工厂以及在农田劳作的巴林人进行了深刻描写。因此，穆·阿·马立克的作品被看作巴林人文、社会的艺术卷宗。作家艾明·萨利赫（1950~）的代表作是短篇小说集《我们在玫瑰生长的地方起舞》（1973年），他的小说风格受西方现代小说的影响很深，其特点是语言精练、主题明确、文风简洁、立意深远。无论从形式还是技巧上说，艾明·萨利赫的小说都是一种崭新的艺术尝试。

第三，社会生活是小说取材之处。20世纪60年代，青年文学家以现实生活中的一些问题作为素材，把新文化知识作为工具，试图探索一条与阿拉伯世界文学发展相协调的新路子。这些青年作家有穆罕默德·阿卜杜·马立克、艾明·萨利赫、福阿德·欧贝德、穆罕默德·马吉德、哈勒夫·艾哈迈德·哈勒夫和阿里·阿卜杜拉·哈里等。社会改良是巴林传统小说的主题。有的小说注重描写青年一代的失落和迷惘，如穆罕默德·马吉德的《一支悲哀交响乐的片断》《夜半泣声》《地狱》《月亮为谁而歌?》等作品。

第二节　主要文化遗存

一　著名清真寺

（一）法蒂赫清真寺

法蒂赫清真寺坐落在麦纳麦市法蒂赫大道东侧，建于1988年，是巴林最大、最漂亮的一座清真寺，因此也被称为"大清真寺"。该清真寺以1783年巴林开拓者谢赫艾哈迈德·法蒂赫命名，可容纳7000人同时祷告。清真寺内设有包括宗教研究所、图书馆、宗教基金管理局和古兰经之家等机构。清真寺拥有大型广场、男礼拜殿、女礼拜殿。具有古代伊斯兰建筑风格，寺内外墙上镶嵌有古兰经经文和伊斯兰不同时代的图案。

（二）阿勒哈米斯清真寺

阿勒哈米斯清真寺是阿拉伯世界最古老的清真寺之一。该清真寺建于公元717~720年，之后该清真寺被毁。公元1058年，在两位显赫人士的要求下，其得以恢复原貌。12世纪时，埃米尔阿布·希南又将其扩建和粉刷。1960年，考虑到更好地保护这一历史文化遗产，巴林决定停止使用当时仍然被用于礼拜堂的清真寺大厅。清真寺塔尖上的古老文字也被拓下，复制并保存在古兰经博物馆内。

（三）贾马拉清真寺

公元1482年，贾马拉清真寺建在一个高高的平台上，该清真寺有1个庭院和1间祷告室。建筑由2根圆柱支撑，有1个拱门。目前该清真寺已被摧毁。

巴尔巴尔南部村庄的另一座较为古老的清真寺建于17~18世纪，看上去被重新修复过一次，1间不太规则的祷告室的墙壁曾被多次粉刷过，其很可能在18世纪被火烧毁。另外，在这部分的展厅中，有众多的古兰经手抄本，同时还陈列着一些那个时期的带有伊斯兰特色的瓷盘、地图、钱币等。

二 著名文化遗产

（一）巴林著名的"三个一"景点

到巴林旅游的人必须看的"三个一"景点，包括巴林享有盛名的"一棵树"、"一口井"和"一座桥"。

"一棵树"是指生长于巴林中部杜汉山东南侧的一座沙丘上的一棵大树，后被称为"生命之树"。这棵神奇的大树已成为巴林王国的象征之一。这棵树也许已经生长了几千年，但令人费解的是，它的周围是一片茫茫沙漠，几公里内没有其他高大树木出现。这棵树酷似"合欢树"，树大根深，叶子细小浓密，春秋两季开黄花，冬季落叶。树高 10 米~15 米，枝叶覆盖面积在 50 平方米以上。数十根粗大的树干横向生长，有的已经深埋在沙丘下生根。为何独有这棵树根深叶茂，顽强地生长在荒漠之中？水源从何而来？至今仍是个谜。

最近，巴林的考古学家正在这棵树周围进行考古研究，并且已经挖掘出了大量古代城市居民使用的各种陶器等文物。人们推测，这里曾经是一个繁华的城市，这棵树的周围或许曾经是一家人的大院，沙漠地下流淌着丰富的水源。考古研究有了结果之后，也许就会揭开这棵生命之树经久不衰地生长在沙漠之中的缘由。

"一口井"是指海湾地区于 1932 年发现石油的第一口油井。它位于巴林王国中部杜汉山的东侧。井呈长竖坑，管道纵横。

此井出油后，海湾地区接二连三发现大量油田，故此井功不可没。井旁有一座用英文、阿文刻写的纪念石碑。现第一口井虽不再产油，但仍有天然气向外输出。井旁不远还有一座面积不大的石油博物馆，它向游人开放。展品主要有老式勘探设备以及岩层标本等。

"一座桥"是指连接巴林与沙特阿拉伯的一座跨海大桥——法赫德国王大桥。过去两国往来以飞机和渡轮为主，要用两个小时，双方都企盼在海上架起一座跨海大桥。

1975年，国际银行开始对该项目进行可行性研究，之后向世界各大公司招标，最后由沙特阿拉伯投资，荷兰公司承建。1982年11月11日，大桥正式动工。工程历时4年，于1986年11月26日正式竣工，耗资5.5亿美元。在竣工典礼上，巴林埃米尔伊萨宣布其被命名为"法赫德国王大桥"。大桥的建成密切了巴林和沙特阿拉伯的关系，加速了两国的经贸往来。大桥对海湾国家的人流和物流，对整个海湾地区的产业布局均产生了巨大影响。

（二）巴林著名古代遗址

巴林是个历史悠久的国家，这块土地曾经是诸多外来势力争夺的地方，因此历史上巴林各省都建有很多城堡，大多是当时抵御外国入侵的军事堡垒，有的古堡则是古代村落的遗址。现在这些遗址成了后人研究巴林历史的很好资料，也成为当代人的旅游胜地。

1. 阿拉德古堡

位于穆哈拉克岛上，呈四方形，每个角上建有圆形瞭望塔，城堡四周建有护城河。15世纪末由巴林人建造，用以抵御外敌入侵。1559年葡萄牙占领巴林期间，曾被作为军营。1800年阿曼占领巴林时，阿曼苏丹艾哈迈德曾委任其兄统治巴林，并将该城堡作为总督府和巴林岛的军事指挥部，目前作为古迹供游人参观。以古堡一侧为依托，建有大型露天舞台，其可举办文艺演出活动。

2. 巴林城堡

也称卡拉特·阿勒巴林,是巴林重要的城堡遗址之一,位于北方省的沿海。该城堡由波兰人建于公元 14 世纪,后又进行扩建。该城堡附近的另外 6 座城镇均建于公元前3000 年的迪尔蒙时期。这座城市很可能是当时该岛的首都。巴林城堡博物馆于 2008 年 2 月对外开放,展出的出土文物均拥有 4000 年的历史,有早期迪尔蒙时期(公元前 2200~公元前 2050 年)和迪尔蒙时期至伊斯兰时期(公元 1250~1650 年)的各类陶器、铜器制品等,其代表着迪尔蒙时期的灿烂文明。值得一提的是,这一遗址出土的文物中有一具迪尔蒙晚期的石棺。

3. 伊斯兰城堡

位于巴林城堡和城堡博物馆之间。这里当时是 13 世纪时的喀尔巴巴德村落。该遗址于 1955~1956 年和 1977~1978 年两次被挖掘,面积为 52.5 平方米。该遗址出土的文物证明 7 世纪中叶制陶业在这里已经出现,13 世纪时有基督教徒在这里生活。

4. 巴尔巴尔神庙

位于巴林岛北岸,北方省巴尔巴尔地区,是一座公元前 3000~公元前 2000 年的气势宏伟的庙宇遗址。这里有 3座庙宇先后建成,是迪尔蒙时期的宗教遗址。如果说巴林城堡是迪尔蒙时期的民间首都,巴尔巴尔神庙则是当时的宗教首都。庙宇拥有巨石砌成的宽阔大门、大型祭坛、施行宗教涤罪仪式的水池等。祭坛上供奉着贤人哲士的神像和生命之水。传说这里的地下宫殿均以纯银和天青石装饰,庙宇旁还有一股清泉。

5. 迪拉兹神庙

也被称为仁慈神庙，建于公元前 3 世纪。该庙宇于 20 世纪 70 年代被英国人挖掘，位于巴尔巴尔神庙内。不同的是，该庙宇以美索不达米亚时期的巨大圆柱体为建筑支柱。这些圆柱废墟至今仍保存有 60 厘米高的残柱，庙宇建筑本身保存下来的废墟为不同的长方形，体现着当时各个建筑的不同功能。

6. 萨尔遗址

是公元前 3 世纪迪尔蒙时期的遗址，总面积为 22500 平方米。村落已被挖掘，是伊斯兰悠久的文化遗产。萨尔地区的考古挖掘证明了古代人类生活的状况，村落里有街道、民居、庭院和中心广场等。

7. 谢赫萨勒曼城堡

建于 1812 年，被称为观景城堡。因为站在这座城堡上，可以观赏对面的胡玛奈亚河谷。1869 年，这一城堡成为政府所在地和战略基地。据考证，这一城堡建在 1698 年的一个要塞城堡的废墟之上。

第三节　旅游

一　旅游业概况

巴林旅游资源得天独厚，是海湾和中东的旅游大国，发达的旅游业是国家外汇的重要来源，尤其是对沙特、科威特等国游客具有较强吸引力，每年从沙特巴林大桥入境近1000万人次。巴林5000年文明历史，岛国多元文化的精神资源，独特多样的海洋风情，不同于其他海湾国家的旅游服务，适合八方宾客口味的烹饪和饮料，都吸引着大批阿拉伯人和欧美游客到这里旅游和度假。每逢星期四、星期五和伊斯兰教的开斋节、宰牲节等重大节日，大批海湾国家公民经法赫德国王大桥，到巴林度假休闲。巴林政府设定了每年400万人次游客的目标，旅游业每年有5亿美元的收入，2001年巴林就实现这一目标。巴林政府不断采取措施，改善巴林的旅游形象。关闭违反旅游规定的夜间俱乐部、禁止在娱乐夜总会现场售酒等。

巴林城市位于一系列岛屿上，有时一座岛屿就是一座城市，城市之间的交通方式为桥梁堤道。1986年，巴林与沙特阿拉伯之间建成了长达25公里的法赫德国王堤道，该堤道促进了巴林商业的发展和旅游业的兴盛，成为巴林外向型经济结构的主要通道。巴林城市化水平较高，除部分巴林人居住在乡村外，92%的居民住在城市地区。麦纳麦和穆哈拉克是巴林贸易中心和交通要道，也是大型商业中心和工业集中地，还是政府官员和外交使团的官邸。

二 主要地区旅游资源

（一）麦纳麦

巴林首都麦纳麦位于巴林岛东北角，面积16平方公里，人口15万人，是全国政治、经济、文化中心，也是巴林最大的城市。麦纳麦是世界天然珍珠的贸易中心，也是世界重要的金融中心，有阿拉伯世界的"苏黎世"之称，被誉为"中东的香港"。麦纳麦市郊的阿瓦利是巴林的石油工业中心，阿瓦利炼油厂也是中东最大的炼油厂之一。麦纳麦港是一座现代化深水海港，能同时接纳多艘远洋轮船，是连接上下海湾和东西大陆的物资交易中心。麦纳麦历史悠久，早在公元前 3000 年就已经是巴林群岛最大的商业活动中心。公元 7 世纪它成为阿拉伯帝国的一部分。1820 年英国入侵巴林，强迫其签订波斯湾总和平条约。1880 年沦为英国保护国。1971 年 8 月 15 日，巴林宣布独立后，麦纳麦成为巴林首都。

20 世纪 40 年代，麦纳麦北部修建了通往巴林海峡的大门。到巴林的访问者一般都弃舟登岸，通过该拱门进入巴林。麦纳麦城内到处高耸着玻璃幕墙建筑以及指路的标志，填海造陆工程有的已经完成，有的正处于收尾阶段。进入巴林海峡拱门后，便可以看到麦纳麦古老的露天剧场或者商场。巴林市场货物价廉物美，样式齐备。当人们在狭小、迂回的街道徜徉时，扑鼻而来的香料味洋溢在麦纳麦市的空气中，令人心旷神怡。走在巴林大街上，琳琅满目的物品，如衣服、地毯、珠宝随处可见。巴林服装市场品种齐全、花色繁多、价格实惠。巴林的黄金市场驰名世界，到巴林的旅游者一般都要走访黄金市场，买一些传统文化与现代风格相结合的金银珠宝或者装饰品，以回国馈赠亲朋好友。

麦纳麦是阿拉伯地区著名的绿色城市，被称为"海湾明珠"。在城市宽敞整洁的马路两旁和空地上，到处都是成排成片的树木，高大的椰枣树和棕榈树郁郁葱葱，风格迥异的街心公园里有各种热带植物，有的翠绿欲滴，有的芬芳吐艳，呈现一派热带风光，整个城市给人以宁静安逸的感觉。在城市边缘的高速公路旁的两座纪念碑能够引起游人的好奇，也会使本土人的思绪回到过去的历史岁月：一座是"珍珠"纪念碑，高达几十米的六根柱子托起一颗大珍珠，每当入夜，在各色灯光的照射下，象征巴林的这颗大珍珠放射出奇异的光彩；另一座是"航海"纪念碑，两边各有一个巨大的风帆，中间夹着一颗大珠，向世人彰显当时采珠业的发达。

优越的地理位置，温和的气候，丰富的海底泉水吸引了大批的外国商人和游客。麦纳麦有众多的宾馆、浴场、体育俱乐部和名胜古迹，其中有世界最大的苏美尔人、亚述人和巴比伦人的古墓。周末，成千上万名的阿拉伯国家游客驱车通过沙特阿拉伯至巴林的跨海大桥来到这里度假，使它成为海湾地区的旅游中心。美丽动人的热带海岛风光和巧夺天工的建筑融为一体，使麦纳麦城显得更加秀丽多姿，美不胜收。

巴林国家博物馆也是著名的旅游佳地，这里生龙活虎的人造物品显示了巴林 7000 年的历史轨迹。《古兰经》研究中心藏有阿拉伯书法和《古兰经》手稿。学校和清真寺也是展示巴林传统文化的地区。麦纳麦地区有两个清真寺十分突出，一旧一新，对比鲜明。大约建于 1000 年前的卡米斯清真寺的两个尖塔是在 15 世纪才加到上面的。麦纳麦的法塔赫清真寺建于 20 世纪 90 年代，内部可以容纳

7000 人。

（二）穆哈拉克

巴林的第二大城市穆哈拉克位于穆哈拉克岛西南角，为一商港、渔港和采珠业中心。穆哈拉克有 18.91 万人（2010 年统计数据）。附近产椰枣、蔬菜等，与首都麦纳麦有大桥相通，部分居民在麦纳麦就业。穆哈拉克比麦纳麦还要古老，这里的穆斯林露天剧场有几百年历史。旅游者在这里能够看到 16 世纪的城堡和皇家建筑，是领略与体验阿拉伯—伊斯兰文明历史交往的古老胜地，有古老的阿拉德城堡、希亚蒂故居、谢赫伊萨老酋长故居、哈德老港、易卜拉欣文化遗产村、马塔尔博物馆等名胜。穆哈拉克是巴林最早开发的地区之一，城市建设规划有序、前卫、现代，绿化程度高，海水被引进市区，形成城中有水、水中有城，城市建筑、公园、水路为一体的美丽景观，特别是巴林国际机场的建设为旅游业的发展带来了极大的契机。

三 现代旅游景点

（一）巴林国际赛道

巴林国际赛道位于南方省，距离首都麦纳麦 30 公里处的萨基尔沙漠地区。该项目在巴林王储、巴林赛车协会名誉主席萨勒曼的倡议和推动下，由德国著名建筑师赫尔曼·蒂尔克设计，于 2002 年 12 月奠基，占地 1.7 平方公里，用了 16 个月的时间，耗资 1.5 亿美元，于 2004 年 3 月 17 日完工，哈马德国王为竣工仪式剪彩。

巴林国际赛道由一座 9 层的 VIP 贵宾塔、技术中心、新闻中心、行政楼、主看台和正面看台等主体建筑组成。赛道分内道、外道和一条椭圆形测试赛道。整个赛车场能容纳5万名观众观看比赛，其中主看台能容纳1万人，正面看台能容纳3万人。另有一个容纳500人的新闻中心。场馆赛道的长度为5.412公里，赛车在这里的单圈时间可达到1分33秒，平均时速达210公里。赛道总共有15个弯道，主要赛事有：5.412公里的巴林一级方程式大奖赛、2.55公里的内跑道赛、3.664公里的外跑道赛、3.7公里的草场汽车赛、1.2公里的短程加速赛、2公里的椭圆跑道赛、4乘4沙漠障碍赛等。

2004年4月4日，巴林首次举办世界一级方程式锦标赛。迈克尔·舒马赫以1分30秒252的单圈最快速度接受了格子花旗帜，赢得了巴林汽车大奖赛的冠军，一级方程式世界锦标赛首次在中东国家成功举办，这使巴林国际赛道成为全世界瞩目和具有象征性意义的地方。巴林汽车大奖赛是根据世界一级方程式锦标赛活动要求每年举办的一次比赛，它是国际赛道比赛的一部分。巴林国际赛道的建设不仅标志着这一项目在中东地区落脚，同时还促进了巴林国家和民间赛车运动的发展。通过比赛，巴林培养出了多种赛道的选手，发展出从地区系列到国际系列的短程加速赛车和小型赛车。巴林国际赛道也从两种赛道发展到7种赛道，如增加了短程加速车道、4乘4沙漠障碍赛车道、小型赛车区域等。与此同时，巴林也拥有了一批训练有素的赛事服务和工作人员。巴林政府的这一重要投资已经获得了数倍的回报。

巴林国际赛道自 2004 年投入使用至 2010 年，连续 7 年举办了世界一级方程式锦标赛。其每年为巴林的旅游、通信、广告、交通、酒店餐饮等行业带来了 10 多亿美元的收入。2011 年，由于国内政治局势动荡，该赛事被迫易地，这使巴林遭受 7 亿美元的损失。2012 年起，巴林恢复举办世界一级方程式锦标赛。

（二）野生动物公园和自然保护区

在黄沙浩瀚无垠的国度，如果有一片绿洲或一片动物保护区，则是一件非常令人兴奋惬意的事情。在巴林王国的西南部阿勒马克赫地区就有这样一个巴林人引以为豪的野生动物公园和一片自然保护区。巴林或许是阿拉伯国家中原产地动物数量减少最快的国家之一，正因如此，巴林很快就采取了必要的措施，使濒危动物得以生存。该野生动物公园就是巴林专为保护中东动物建立的公园，希望能够通过这一区域保护野生动物，同时促进本地区其他国家在这方面做出同样的努力。该野生动物公园和保护区建于 1976～1979 年，位于杰贝勒·阿勒杜坎地区从南到西 5 公里处，距扎拉克地区 2 公里。这一园区为长 4 公里、宽 2 公里的长方形区域，是从超过海平线 3 米的平坦的盐场至高于海平线 45 米的东面地区。这一盐场主要是海沙河贫瘠盐，最高处为倾斜的岩石山，该野生动物保护区主要用来收留那些濒危物种，同时也是一个野生动物教学中心。

野生动物公园和自然保护区，顾名思义分为两部分：公园和保护区。公园面积为 4 平方公里，公众可以看到阿拉伯半岛、东非、北非和亚洲的具有代表性的动物。这里有

40 个物种 500 多只动物，60 个不同物种的鸟类约 450 只，还有 80 多种沙漠树种和灌木。进入公园内，首先游客可以通过一段视频了解公园的整体情况，了解巴林为何建立这座公园，保护动物的重要性，然后再乘坐公园内面包车观看保护区内的动物。因此，除了普通游客在这里观赏动物、休闲娱乐外，更多的是学校组织学生来这里进行实地教学，以让他们学习和掌握一些关于动物的知识，特别是对孩子们进行保护动物的教育。在动物保护区内，我们看到了种类繁多的来自巴林本地以及其他阿拉伯国家、亚洲及非洲国家的羚羊、梅花鹿、长颈鹿、骆驼、马、牛、鸵鸟、野猪等动物。通过保护区饲养员的精心照料，很多濒危动物在这里得到了保护，进行了繁殖，一些外来动物也习惯了这里的气候和生活，数量不断增加。在公园区域内有三个主题湖——火烈鸟湖、野鸭湖和天鹅湖，湖中还混养着其他一些水鸟类动物，有一个水鸟公园。这个水鸟公园约有 7 万平方米，湖内建有小桥、假山等。湖边还建有非常人性化的供游客观赏湖景和动物的小凉亭。另外园内还有几个小公园，如仙鹤公园、孔雀公园、火鸡公园等。引人注目的硕大鸟笼饲养着数不清的各种鸟类。最近，公园内又新建了一个室内外结合的猛兽馆，里面有猎犬、狼、豹等凶猛动物。

野生动物园和自然保护区不仅保护了濒危动物，绿化了国土，而且为巴林人创造了一个人造和自然相结合的绿色基地，其使原来一片荒沙的贫瘠土地变成了绿洲，变成了非常有生机和情趣的公园，能够保护动物，绿化国土，成为改善环境的良好的"教学课堂"。巴林政府充分利用了这一环保项目，每天都有大批的学生、市民以及外国人到这里学习知识，参观游览，休闲娱乐，以享受绿地、动物和环保给人类带来的益处和乐趣。

第四章　教育卫生传媒体育

第一节　教育

巴林王国实行免费教育，普及9年一贯制的中等教育制度。教育宗旨是普及和完善教育种类，提高教育质量。巴林大学和阿拉伯海湾大学分别于1986年和1987年建成开学。巴林文盲率为4.9%，15~25岁青年受教育率达99%，是中东海湾地区受教育程度较高的国家。

一　巴林的教育体制

20世纪初，巴林处于海湾的边缘化地区，经济不发达，教育事业也十分落后。巴林人接受教育的唯一方式就是吟诵《古兰经》，学校被称为"穆阿利姆"（指老师所在的地方），这类学校的主要任务就是让学生了解阿拉伯—伊斯兰文化的深厚底蕴，从而虔诚地信奉伊斯兰教。因此，巴林的一些长者都曾经历过这样的教育，他们热爱阿拉伯文化，喜爱吟诵诗歌。1919年，巴林政府在穆哈拉克市建立了第一所正规学校"河达雅哈利法男子学校"。1928年，麦纳麦建立了第一所女生学校，巴林也成为海湾地区第一个拥有女子学校的国家。

教育是一个国家与民族崛起的重要元素之一。二战后，巴林作为英国的保护国，受到西方文艺复兴的影响，国家政治和社会均发生了深刻变化，出现了教育制度改革的需求，改变原来的教育目标及朗诵古兰经的传统教育成为当务之急。巴林政府意识到教育在现代化进程中的深刻意义，认为受教育是公民的基本权利，也是实现国家发展与进步的必要条件。巴林建国以后便开始大量修建学校，追求教育内容的拓展、教育体制的改革和基础教育的普及。1976年，巴林成立保健科学学院。1986年，巴林成立巴林大学，这两所大学成为巴林人接受高等教育的学府。许多富有家庭的子女也到美国和英国接受高等教育。至今，巴林教育的质量与数量已经取得了很大的进步，表现为教育内容的拓展与丰富，教育体制的改革与创新，教育基础的普及与深化，教育质量的优化与提升。

巴林实施的是9年一贯制的中等教育制度，公共教育体系是一个全民免费的、开放的系统，为所有学生提供免费教育，交通费、书本费、校服以及一日三餐都由政府供应。在一些乡村地区，教学设施比较简陋，有的地区仅有一座学校，男女生上下午轮流上学。上课时间是本周六到下周三，休息天是周四、周五（伊斯兰聚礼日）。除了公立学校之外，巴林也鼓励政府和私营企业合作，以共同发展教育。巴林还有许多私立学校，主要为侨居巴林的外国居民提供宗教教育。

巴林的教育体制为全民免费教育体制，适龄学生大都到公立学校或者私立学校登记，残疾学生可入特殊学校。在巴林，第一学年在 9 月最后一个星期开始到次年 6 月底结束。一学年有 36 周，分为两个学期。每年有两周的时间为学年的中假期（相当于中国的寒假）。公立学校的教学日早上 7：30 开始，下午 1：30 结束（小学的教学日一般都会早一些结束）。私立学校的教学日由各自的学校制定。巴林的教育制度实行 6、3、3 的固定模式，即 6 年小学教育，3 年初中教育，3 年高中教育。

巴林的教育体制已经历了长时间的改革，目的是与国际标准接轨，使学校教育与学生毕业后的生活所需更紧密地结合。巴林政府为此制定了国家教育与培训发展规划，为实施这一国家教育规划，同时成立了教育和培训质量保障管理局。管理局的统一考试试图与英国剑桥国际考试并轨，巴林已将其列入国家教育大纲。

二 巴林的教育体系

（一）学龄前教育

在初级教育之前，学龄前儿童可以进入幼儿园。该阶段可分为两个时期：一是托儿所阶段，针对 0~3 岁儿童；二是幼儿园阶段，针对 3~6 岁儿童。本阶段不属于教育部管理阶段，但要求幼儿园遵循有关的教育规则和标准。

（二）小学教育

巴林重视小学教育，力争实现教育的全面发展。6 年小学教育中前 3 年实行班主任制度，后 3 年实行辅导员教师制度。这个阶段的教育对象包括 6~11 岁的学生，该阶段持续 6 年的时间，分为两个时期。其中前三年为小学教育低年级，应用"课堂教师"方法，同一个教师讲授除了英语、设计与技术、体育和音乐以外的所有课程。一般情况下，巴林大学本科毕业生可以当教师，主修课程为阿拉伯语、伊斯兰教育、数学、科学、家庭科学和美术课程。巴林实行男女分校，学校的教学人员、学校管理员、员工和学生都是同一性别。巴林小学教育有三分之一的管理者是女性，原因一是巴林女性失业率较高，这也是政府解决女性失业问题的方案之一；二是男性教师很少，男性一般不愿意从事教育职业或没有从教资格。

（三）初中教育

巴林的初中教育阶段是个承上启下的教育阶段，本阶段在教育体系中占有极其重要的地位，是小学教育阶段的支持和补充，也是高中教育阶段的基础。它包括 12~14 岁的学生组，持续三年时间。参加本阶段教育的学生必须通过小学阶段的学习或者获得相当的证书，以保证具有继续学习的能力。本阶段实行"科目教师"的方法来教学。巴林教育部出版的《综合课程文件》中，为初中教育制定的必修科目是：伊斯兰教育、阿拉伯语、英语、数学、科学与技术、社会科学和体育。技术方面的课程为选修课程，包括美术、歌曲与音乐、土木技术、电脑技术、农业技术。初中学生要通过两个阶段的考试——期中考试和期末考试，50 分为及格分，满分为 100 分。如果学生没有通过期末考试，则可再考一次。

（四）高中教育

在巴林的高中教育阶段，学生必须拥有初中教育阶段的证书或达到同等水平。高中教育是基础教育的补充和延续，持续三年时间，分为两个学期。高中教育实行学分制，学校为学生提供了多种可供选修的科目与课程，学生可以按照毕业后的发展方向来制订自己的学习计划。学生可以选择 6 个不同的方向：理科课程、文学课程、商业课程、技术课程、印刷广告课程以及纺织与服装课程（女生）。理科课程、文学课程、商业课程、纺织与服装课程（女生）各需 156 学分，而技术课程需要 210 学分。毕业后，学生可以拿到"普通高中毕业证书"。

（五）宗教教育

巴林教育部规定，宗教教育在专门学校进行，其教育对象主要是具有伊斯兰教背景的男子。宗教教育的学习年限、入学条件等程序规定与基础教育和高级教育有着相同的教育体系，不同之处在于宗教教育更强调伊斯兰教的学科，其培养对象主体是具有适当伊斯兰教背景的男子，对低年级学生采用"课堂教师"方法，其他年级都实行传统教师体系。学生毕业后，可以拿到"普通高中证书（宗教学科）"。为了促进宗教教育发展，巴林教育部 2002~2003 学年成立了伊斯兰教什叶派学科学院。

（六）中等职业教育

随着巴林加快融入全球经济体系的步伐，巴林国内需要更多的职业技术人才。从 20 世纪 80 年代起，巴林开始实施中等教育多样化制度，扩大中等技术教育规模，减少普通中学的学生人数，改变职业中学教育的文化结构。中等技术教育增加了适应社会发展的新专业，包括工业教育、商业和医护教育、宾馆、旅游、纺织、服装、农业、动物饲养、印刷专业等。一些初中毕业生被安排到劳动与社会事务部职业培训中心接受培训。中等职业教育毕业生有的可以直接进入高等学府继续学习，有的进入劳动力市场参加工作。

（七）高等教育

高等教育是一个国家科技体系是否发达，文化水准与国际是否接轨的主要指标与晴雨表。独立后的巴林政府高度重视高等教育的发展，以建立高水平、多学科、成体系的高等教育系统为目标。1966年，巴林成立了教师进修学院。1967年，巴林又成立了高等女子师范学院。1979~1980年，这两所学院的学生转入1978年成立的文理教育学院，毕业生可以拿到学士或硕士学位。1978年，巴林海湾技术学院开学，其工程、商务、管理等专业的技术教育水平在海湾地区遥遥领先。

1986年，巴林埃米尔宣布成立巴林大学，这是巴林高等教育发展的标志性成果。巴林大学由成立于20世纪60年代的巴林高等教育学院与海湾技术学院合并组成。巴林大学是一所独立的教育和科研机构，校长由国王任命。该校有9个学院，分别为艺术学院、工商管理学院、信息技术学院、法学院、科学院、巴林教师学院、应用研究学院、工程学院等。此外，校内还设有英语教学中心、网络教学中心、售书中心、发展委员会办公室、出版中心、历史研究中心等。

巴林大学与北京外国语大学曾签有校际合作协议，包括拟在巴林大学建立"中国问题研究中心"的设想。今后可以应巴方的要求，建立孔子学院，以进一步加强中巴高等学府之间的交流与合作。

在巴林高等教育体系中有一所神秘的皇家女子学院，该校位于麦纳麦，与巴林石油公司毗邻。校舍是清一色的皇家代表色——米黄色，建筑风格也是阿拉伯传统的两层楼，二层建有风塔。皇家女子学院为一所私立大学，该校与英国一所大学联合办学，因此教育大纲完全采用英国模式。该校是巴林唯一一所综合女子大学，只设大学本科教育，所有课程均为英语教学。

第二节　医疗卫生

巴林全国实行免费医疗，居民卫生服务普及率达100%。有公立医院8所，妇产医院1所，医疗中心41所，医护人员2000余人，另有一所军事医院。巴林对本国国民以及外籍常住人口实行医疗补贴政策，在公立医院就诊只需交纳挂号费。据世界卫生组织统计，2015年巴林人均寿命为73岁。

巴林独立前的医疗卫生事业十分落后，特别在一些偏远的游牧民聚居区和海边的渔民聚居区，居住和卫生条件很差，各种传染病蔓延，老百姓缺医少药，生存环境十分恶劣。独立后，巴林政府很快就把国民健康问题提到非常重要的发展计划之中，因此，巴林政府规定巴林居民不管其国籍如何，都享有卫生、健康方面的最基本权利。巴林政府实现居民就近保健的服务，到1997年，此项服务的覆盖率已达到100%。

巴林国民同其他海湾国家国民一样，享有各种医疗、健康保健免费服务。政府对公民实行免费医疗制度，巴林国民自己承担的医疗费用只是很少的一部分。巴林卫生部向国民提供卫生服务包括一些预防和治疗计划，巴林保健标准在中东国家中处于领先地位。到1997年，巴林儿童免疫率超过97%，消灭了白喉、百日咳、破伤风、小儿麻痹症等疾病。20世纪90年代，巴林卫生部通过给新生儿接种疫苗，消灭了乙型肝炎。巴林还实行了妇幼保健计划，婴儿死亡率已从1970~1975年的55%降至1995年的19%。人均寿命从1975年的63.5岁上升至1995年的71.9岁。

除了基本健康服务外，巴林还提供第二等和第三等的卫生保健服务，提供这些服务的机构是萨勒曼尼亚医疗中心以及卫生部所属的各妇产医院、心理医院和穆罕默德·本·哈利法心脏疾病医院。1984年，萨勒曼尼亚医疗中心成为阿拉伯海湾大学医学院的教学中心，现有病床627张，妇科与产妇病床147张。1997年3月，萨勒曼尼亚医疗中心扩建工程完成，病床增加至1000张。萨勒曼尼亚医疗中心提供高水平的医疗服务，该中心设门诊和住院部，治疗内科、外科疾病。其他科室包括骨科、耳科、鼻科、喉科、眼科、口腔科、妇产科，中心有心脏及血管病部门，还有能够提供 40 张病床的儿科部门。1996 年后，中心可以实施肾脏移植、骨髓移植等器官移植手术。

巴林人虽然享有免费医疗制度，但各省公立医院和医疗中心规模相对较小，私立医院的费用是普通老百姓难以接受的。为了适应医疗卫生事业的发展步伐，萨勒曼尼亚医疗中心开始扩建工程，这是巴林医疗方面最大的工程之一。除了增加病床以外，巴林的医疗设备有了突破性的改进。这些改进设备有：透视功能的先进设备，磁共振高科技设备，核医学设备（利用同位素、核图像等进行诊断）。该部门有世界上先进的辐射治疗仪器，以为癌症患者与肿瘤患者提供有效服务。急诊与事故部增加了急救病床，该中心在海湾地区拥有较大急诊部。

海湾人虽有良好的医疗条件和保障，但饮食习惯导致他们食用甜点较多，晚饭时间较晚，进食过剩，不爱运动等，使很多海湾人包括巴林人拥有虚胖体质，类似高血压、糖尿病等富贵病十分常见。巴林政府目前已发出严重警示，开始建设专门糖尿病医院，改变人们的生活习惯，降低糖尿病发病率。

第三节　传媒

巴林新闻环境比较宽松。巴林通讯社是巴林官方通讯社，1978 年 4 月 1 日开播，用阿拉伯文和英文发稿。巴林电视台共有 3 个频道。巴林广播电台用阿拉伯语和英语广播，有 4 个波段。巴林主要阿文报纸有《天天报》《中间报》《祖国报》等。巴林当地媒体对华态度总体友善，报道客观公正。

巴林过去没有文学杂志。巴林的首家文化俱乐部成立于 1913 年，只存在了几个月，而后相继出现了"文学""伊斯兰""巴林""改革""复兴""校友"等俱乐部。20世纪 60 年代末，麦纳麦成立了"文学家、作家协会"。1970 年巴林"文学家、作家协会"决定出版该协会的机关刊物，但遭到当局禁止。1982 年，巴林"文学家、作家协会"在首都麦纳麦出版了新闻通讯报《卡里马特》。

20 世纪 40 年代，《巴林之声》杂志问世。20 世纪 50年代，《队列》《祖国》《天平》《丛林》《火炬》《海湾》等刊物相继出版，大大推动了巴林新闻文化事业的发展。现在巴林共出版了 20 多种刊物，其中大都为文学刊物。

巴林的广播电视等大众传播媒介也有了一定的发展。1940 年，巴林建立了海湾第一家广播电台。20 世纪 50 年代，巴林开始接收沙特阿拉伯电视节目。20 世纪 60 年代，巴林电视台增加了科威特电视节目。1973 年，巴林本国电视台开始播出节目。巴林电视台共有 3 个频道，其中两个为阿拉伯语频道，1 个为英语频道。巴林电台有 24 小时的英语及转播卡塔尔的英语频道，可收听到沙特阿拉伯及卡塔尔的广播节目。巴林共有 13 种报纸，主要有《海湾日报》（英文）、《光明日报》（阿文）、《巴林湾日报》（阿文）、《天天报》（阿文）、《海湾消息报》（英文及阿文）、《海湾每周镜报》（英文）等，巴林还发行一份季刊和几种定期出版的生活指南，另外邻国一些出版物也在巴林发行。

第四节　体育

　　海湾国家开展的体育项目也比较有限，在地区和国际赛事上获得奖牌的项目更是少之又少。这些国家独立以后，主要精力放在了经济建设和改善人民生活上，获得发展的只是些传统体育项目，如赛马、赛骆驼、沙漠摩托、足球等。相对来说，海湾国家比较忽视体育发展，忽视全民健身和保健。但近年来，海湾国家加快对外开放，参与国际事务的意识增强，其中包括积极参与国际体育赛事，开展全民健身运动，并且努力争办国际体育赛事等。巴林国家虽小，但也开始重视国内体育运动的发展，开始开展一些全民健身运动。

　　从国内体育设施和娱乐设施的建设来看，巴林已经启动了不少全民体育和健身项目。巴林的各个省均建有政府或私营的健身俱乐部，在一些品牌酒店内也有健身场所，人们在成为俱乐部或酒店的会员后，可以随时走进这些场所进行体育锻炼或参加该机构举行的一些活动。另外，巴林的王室和大家族的家庭内部由于经济条件优厚，早已建有各类健身房，其内有跑步机、乒乓球室、台球室、壁球室，院内有网球场、足球场、篮球场、沙滩排球场、私人海滩游泳场、室内外游泳池等供家庭内部健身的场所。但对于广大老百姓来说，他们的经济实力不允许他们在家中购置健身器材，居民住宅附近又没有健身场所，有的居住环境不好，连散步的条件也没有。巴林政府解决和改善这一状况是最近几年的事。目前，一些重要企业投资建设了一些企业公园，主要为该企业人员服务，少量向公众开放。如巴林石油公司、巴林铝业公司等均有企业公园。目的是创造企业文化，绿化环境，向企业员工提供便利的健身和娱乐场所。同时还出现了由企业赞助举办，企业员工和民众参加的诸如马拉松赛等全民健身活动。近年，各个省均建设了一些综合性公园，对一些老公园也进行了扩建和翻修，扩大了面积，增加了绿地，添置了一些让成年人和儿童健身和娱乐的场所。巴林早期建设的一些小型体育场或比较简陋的专业球场，如足球场、橄榄球场等都发挥了促进群众开展体育活动的作用。这里经常举行一些俱乐部之间或民间的赛事，一些重要企业赞助举办的赛事也逐渐增多。特别是巴林建设了新体育场后，增加了很多双边、地区和国际赛事，除男子比赛外，还有女子比赛，如2010年举办的国际女子足球锦标赛等。

巴林最为普及的运动是足球，沙地上到处可见非常简陋的足球场，有的连球门都没有，只有两个被竖立起来的障碍物作为球门标志。巴林足球堪称海湾足球的另类，运动员高大魁梧，颇有欧洲运动员的风格。巴林足球队这些年成绩不俗，成为很多亚洲球队的强有力的竞争对手，被称为亚洲杯的一匹黑马。在2006年和2010年两届世界杯预选赛中，巴林队都杀入了最后的附加赛，与入围世界杯决赛仅一步之遥。

巴林的传统体育运动是骑马和赛马。代表巴林王国参赛的充满活力的皇家马术耐力队则由哈马德国王的第三个儿子，巴林青年体育最高委员会主席、巴林奥林匹克委员会主席谢赫纳赛尔·本·哈马德·阿勒哈利法王子担任队长。2004 年 12 月 9 日，巴林选手首次参加世界青年骑手锦标赛的 120 公里耐力赛，2005 年 12 月 17 日，巴林作为东道国举办世界青年骑手锦标赛，创造了来自 33 个国家和地区的选手参赛的纪录。在此期间，巴林选手们曾参加了数次国际比赛，如在法国、意大利、荷兰、澳大利亚、阿联酋、科威特、黎巴嫩、叙利亚以及其他海湾国家举办的国际性比赛。10 年来，皇家马术耐力队在世界锦标赛等重大赛事中成为一支具有竞争力的队伍，特别是近年来已经成为本地区的冠军队。在 2010 年 11 月摩洛哥举办的巴林—摩洛哥首届国际骏马耐力赛中，谢赫纳赛尔王子获得冠军。

第五章　对外关系

第一节　外交政策

巴林奉行温和务实的外交政策。主张加强海湾国家间的团结与合作，致力推进地区一体化建设，巴林系联合国、阿拉伯国家联盟和海湾合作委员会的成员国。同美国、英国关系密切，经济上得到沙特巨额援助。近年来，开始注意兼顾东西方外交平衡，加强同第三世界，包括同伊斯兰世界的团结与合作，以反对外来势力干涉海湾事务。

在对外关系上，独立后的巴林在国家安全和治理层面采取了一种均衡和平行战略。努力建立三个层次的对外交往结构，即外层，与美欧等西方大国保持紧密联系；中层，与伊斯兰世界加强团结合作；内层，与海湾国家寻求睦邻友好。一是巴林与海湾以外的国家保持借助型联盟关系。1970 年 8 月前，巴林同传统保护国英国友好，此后又与美国构建战略结盟关系。二是地理位置及人口构成等因素使得巴林与伊朗的关系敏感而微妙。在伊朗统治者看来，巴林是伊朗领地天然的组成部分，历史上如此，现在还是如此。巴林不断应付来自伊朗的外部挑战。不论巴列维统治时期，还是霍梅尼伊斯兰共和国时期，伊朗都对巴林群岛的主权提出要求。在独立之初，巴林哈利法家族为抵制伊朗的这些要求，在联合国与中东地区进行外交斡旋，赢得了国际社会的支持。三是巴林注重与海湾其他国家改善关系。尽管与沙特阿拉伯、科威特等国有一系列的共同利益，但巴林在这些国家间实行平衡战略，不愿看到任何一国成为地区的霸主，主导海湾地区话语权。四是巴林统治者必须处理好伊朗和伊拉克的关系，这也是其对外交往中的主体内容。与"两伊"的交往一方面使巴林在缓和中东地区紧张局势方面是制衡与调解矛盾的积极力量；另一方面也迫使巴林对沙特阿拉伯和海湾合作委员会的依存度日益增加。五是在巴以问题上，哈马德支持巴勒斯坦，反对以色列的侵略扩张政策，主张公正持久地解决巴以争端。巴林承认巴解组织是巴勒斯坦人民的唯一代表，也支持巴勒斯坦建国。巴林认为以色列必须从叙利亚的戈兰高地、黎巴嫩的萨巴农场等所有被占阿拉伯领土上全面撤军。哈马德多次呼吁国际社会支援正义的阿拉伯事业，阿拉伯国家应通过阿拉伯集体智慧与力量，为实现中东地区全面、公正和持久的和平而努力。巴林希望巴勒斯坦领导人克服分歧，组建民族团结政府；曾支持在阿拉伯联盟有关决议和框架内向哈马斯组成的巴新政府提供财政援助，警惕黎巴嫩局势给地区安全和稳定带来的危害。六是在反恐问题上，巴林认为恐怖主义是国际和平与安全的最大威胁，谴责任何形式的恐怖主义，支持国际社会反恐行动，但认为采取军事行动打击恐怖主义不应伤及无辜，同时必须解决产生恐怖主义的根源。

目前，巴林已同 156 个国家建立了外交关系。

第二节　与美英等国关系

一　巴林与美国的关系

巴林对美国有着非常重要的军事战略意义，一直是美国在中东地区最坚定的盟友之一。早在 1949 年，美国就与巴林构建军事联盟关系。在英国军队撤出巴林的同时，巴林政府开始同美国商议租用朱费尔海军基地的相关事宜。

1971 年 12 月，巴林和美国官员达成共识，在英国海军撤出巴林后，美国使用朱费尔海军基地，但并不承担巴林岛的安全防御义务。1972 年 1 月初，美国和巴林签署友好协议。

1973 年十月战争期间，巴林反对美国支持以色列，取消美国使用朱费尔海军基地的协议。1973 年 11 月初，作为欧佩克成员之一的巴林与其他阿拉伯国家联合抵制美国，切断对美的原油供应。随着"石油战争"影响逐渐减弱，巴林对美国的态度趋向缓和。伊拉克入侵科威特后，巴林向美国提供支持，允许美国使用巴林的军事基地。1991 年，巴林与美国签订了一项共同防务协定，之后美国第五舰队一直驻扎在巴林。目前，约有 5000 名美军士兵驻扎在巴林，并在此建立了美国在海湾地区最大的海军基地，其是红海、海湾及阿拉伯海地区所有美国军舰的指挥中枢。

二　巴林与英国的关系

英国与巴林的交往有着悠久的历史，二者关系不仅体现在历史上的殖民管理，还表现在现实中的商业贸易往来。19世纪初，英国在巴林的优势地位日益凸显，哈利法家族统治下的巴林成为英国全球帝国秩序的一部分。

巴林是英国在海湾地区的合作者。1946年，萨勒曼酋长鼓励英帝国当局将英国常驻海湾地点从伊朗西南部港口布什尔迁到麦纳麦，这一建议被英国采纳。"二战"后的一段时期，巴林在英国的中东战略中一直处于重要的战略地位。1961年夏，英国皇家空军部队和海军部队在穆哈拉克建立空军基地、在朱费尔建立海军基地补给站。英国从亚丁撤军以后，巴林的英驻军数量快速增加。1967年9月，驻巴林英军长官成为英国在海湾地区军队的总指挥。

1971年春，英军决定从海湾地区撤退，撤军后的英国与海湾国家不再是双边防御协定的战略同盟，巴林和英国的战略盟友关系出现松动。时任英国保守党外交大臣道格拉斯反对英国在海湾地区驻军，并发表从海湾地区撤退的声明。英国还建议海湾各国成立阿拉伯埃米尔王国同盟，以允许英国在海湾领土拥有军事基地。英国向海湾国家提供军事武器和装备，英国军队在海湾南部拥有飞越领空的优先特权。

哈马德即位后，英国与巴林的经济和政治交往更加密切。1999年末，哈马德埃米尔第一次访问英国，并与伊丽莎白二世和政府高级官员进行会谈。2001 年，两国签署了旨在加强军事合作的新防御协定。2004 年 8 月，哈马德国王、萨勒曼王储相继访英。2006 年，巴林国王哈马德、王储萨勒曼、首相哈利法、外交大臣哈马德分别访英，英外交国务大臣豪厄尔斯、财政大臣布朗、国防大臣兼苏格兰事务大臣达斯·布朗访问巴林。2006 年 9 月 6 日，巴林财政大臣和英国商务、投资和外交国务大臣签订了双边谅解备忘录，以加强两国在投资、金融、通信、信息技术、卫生、教育、职业培训、生产加工等领域的进一步合作，并为此成立专门委员会，跟踪相关信息。2007 年 11 月 24 日，巴林扎亚尼投资集团董事长哈利德·扎亚尼与阿拉伯英国商会秘书长阿芙兰·舒艾碧女士在伦敦签订了成立巴林-英国企业家协会的谅解备忘录，旨在加强和密切两国企业家的关系，推动巴林及其他"海合会"国家与英国在金融业、银行业、工业等领域的交流合作，此时正在英国访问的萨勒曼王储出席了谅解备忘录的签字仪式。

第三节　与阿拉伯主要国家关系

一　巴林与卡塔尔的关系

巴林与卡塔尔为近邻，两国存在领土纠纷。巴林和卡塔尔之间的领土之争主要集中在两国海岸间的哈瓦尔（又译海瓦尔）岛。以前，这个岛屿从来无人过问，只有两国渔民偶尔在岛上休息片刻。岛上发现石油后，才引发两国对该岛的主权之争。直到 20 世纪初，巴林的哈利法家族一直控制着卡塔尔半岛。19 世纪，巴林和卡塔尔成为英国的"保护国"。英国政府曾经多次就哈瓦尔岛的主权问题对两国进行调解。1913 年，英国政府出台了一份英土协议，但由于第一次世界大战的爆发，其未能被正式签署。1938 年 5 月，巴林和卡塔尔在该岛的主权归属问题上发生争执。

英国政府曾承认巴林拥有哈瓦尔群岛主权。但卡塔尔坚持认为自己应该拥有其主权，因为这些岛离卡塔尔的海岸线仅 2 海里，而巴林距该岛有 18 海里。1947 年，两国又出现领土危机。在英国监督和施压下，双方提出一个临时解决方案：巴林放弃对该岛资源的拥有权，卡塔尔放弃对该岛的主权要求。1967 年 3 月，卡塔尔向巴林提出，解决哈瓦尔群岛问题要以解决祖巴拉市归属为前提条件，巴林拒绝接受。

20 世纪 90 年代，卡塔尔提议将边界争议再次提交国际法庭。1991 年 7 月 8 日，卡塔尔根据 1990 年 11 月 25 日达成的协议及巴林建议的方式，单方面把边界之争的议案提交国际法庭。同年 10 月 11 日，国际法庭发布备忘录，将其记录在案。1992 年 6 月 26 日，国际法庭宣布准备审理此案。7 月 27 日，沙特阿拉伯政府就巴卡领土之争发表公告，要求两国以友好协商的方式解决矛盾，巩固地区和平，这一要求遭到卡塔尔的拒绝。

巴林与卡塔尔的领土之争在 2001 年出现转机。2001 年 3 月，巴林与卡塔尔签署了协议，两国关系迅速升温。海牙国际法院将哈瓦尔岛判给巴林，卡塔尔对祖巴拉岛、贾南岛、吉塔特杰拉代岛拥有主权，法什特迪贝尔岛低潮高地属卡塔尔。卡塔尔接受这一裁决，宣布领土争议已经成为"历史"。2001 年 3 月 27 日，卡塔尔和巴林宣布全国放假一天，以庆祝两国解决了持续 70 年的领土争端。2007 年 1 月 17 日，巴林和卡塔尔商务部达成谅解，共同出资 3000 万第纳尔建立投资公司，以便在两国投资项目，双方还研究合资建立巴林-卡塔尔银行。但是，卡塔尔半岛电视台对巴林国内问题进行负面报道使两国关系又进入低谷。卡塔尔政府逮捕进入卡塔尔水域的巴林渔民，两国的合作项目进展并不顺利。

二 巴林与伊拉克的关系

1968 年后，伊拉克开始向巴林传播复兴党的革命民族主义原则，巴林国内振起民族主义运动。1972 年 4 月，伊拉克与苏联缔结友好协定，巴林政府公开反对伊拉克的亲苏行为。1971～1975 年，伊拉克极力消除西方力量对海湾地区的影响，推动海湾地区的民族主义运动。伊拉克复兴党指责巴林埃米尔允许美国军队进入本国领土，默许伊朗在海湾地区扩大影响。在这种情况下，巴林与沙特阿拉伯等海湾国家建立友好关系以抵抗伊拉克复兴党民族主义的威胁。

伊朗伊斯兰革命后，巴林与伊拉克的关系出现缓和，原因有三。一是伊朗伊斯兰革命的胜利彻底排除了巴林在沙特阿拉伯、伊拉克等国家与伊朗之间进行平衡外交的可能。二是苏联入侵阿富汗导致苏联与伊拉克关系冷淡，伊拉克转而寻求与海湾国家建立关系。三是美国一再表示要建立特遣部队保护海湾石油，这一暗示促使巴林政府赞同伊拉克反对外来力量干预地区事务的主张。

海湾战争期间，巴林反对伊拉克入侵科威特，要求伊拉克全面执行安理会有关决议，呼吁联合国安理会在解决伊拉克问题上发挥重要作用。伊拉克战争爆发前夕，哈马德反对美国对伊拉克实施军事打击。2002年8月18日，哈马德访问伊朗期间，同伊朗领导人在德黑兰发表联合声明，反对任何针对伊拉克的单方面军事打击。

伊拉克战争后，巴林要求国际社会尽快参与伊拉克重建，认为一个统一、稳定、拥有主权的伊拉克是中东地区实现和平的基础。主张联合国在"伊战"后政治安排上发挥主导作用。支持伊政府为实现民族和解采取的措施，要求停止暴力和乱杀无辜，认为外来干涉是造成武装袭击的根源。2003年5月17日，哈马德与来访的伊朗总统哈塔米签署联合公报，要求联合国在伊拉克重建中发挥主导作用，维护伊拉克的统一、独立和领土完整。

三 巴林与沙特阿拉伯等国的关系

巴林与阿拉伯海湾国家的关系经历了从敌意到亲密合作，从依赖大国安全战略到地区合作安全战略的转换。独立后的巴林主张与沙特阿拉伯、卡塔尔等海湾国家进行军事合作。1974年11月，巴林外交大臣建议埃米尔国家间成立地区联盟。不久，沙特阿拉伯邀请伊萨埃米尔参观军事演习。次年6月，沙特阿拉伯和巴林军方展开合作演习，大约有 1000 名军人在阿瓦利地区显示军威。巴林谋求与埃及建立友好关系，1974 年，两国达成协议，分享技术和交换专家，增加教育交换项目的名额。1976～1977 年，巴林在调解亲西方的阿曼和伊拉克关系上扮演着牵线搭桥的角色。1977 年，巴林外交大臣呼吁海湾国家应加强合作，减少外部势力对中东地区事务的影响和控制。同年 7 月，美国在祖法尔地区驻扎的部队全部撤退。1978 年，苏联插手非洲事务和入侵阿富汗，伊朗局势也日益不稳。国际局势推动巴林与阿拉伯海湾国家之间加强合作。当美国提出要用巴林海军基地时，巴林曾一度公开抗议这一行为。1978 年底，巴林与科威特的关系开始缓和。1979 年 6 月，巴林参谋长称巴林防御部队是科威特军队的补充力量。

巴林与沙特阿拉伯的军事合作更为瞩目。1979 年 6 月末，巴林国防大臣参加沙特阿拉伯、卡塔尔、阿联酋和科威特在利雅得进行的军事演习。随后，海湾国家签订了一系列相互防御协定。巴林建议海湾国家成立海军部队，但并没有得到支持。在伊朗海军军事演练之时，沙特阿拉伯两个步兵团被空运到巴林作为预防性措施，这一行动促使沙特阿拉伯和巴林恢复关系，重开中断的交通渠道。

20 世纪 60 年代中期，巴林和沙特阿拉伯的经济合作十分密切。1958 年 2 月，巴林政府将阿布萨法油田割让给沙特阿拉伯，同时规定两国政府共享石油收益。1962 年，沙特阿拉伯为巴林提供约 80% 的提炼原油，支付巴林政府每年 400 万美元费用。1963～1967 年，为进行现代化改造，巴林石油公司关闭了一些炼油厂，石油收入大幅度减少，但巴林和沙特阿拉伯更重要的合作开始了。1963 年 6 月，阿拉伯-美国石油公司在阿布萨法地区发现了石油。1965 年 12 月，阿布萨法地区的油田获益颇丰，50% 的收益分给了阿拉伯-美国石油公司，沙特阿拉伯和巴林各得 25% 的收益。1968 年起，巴林有 1/3 的石油采自该油田。据估计，在 1966～1970 年，巴林石油收入从 1960 年占国民收入的 27% 增加到 1970 年的 36%。

1992 年 12 月 30 日，巴林与沙特阿拉伯达成协议，从 1993 年起，不再按份额分成，而由沙方向巴方日提供原油 10 万桶。从 1997 年起，沙特阿拉伯放弃了对该油田的利益分享以支持巴林经济发展。2003 年，巴林每天得到阿布萨法油田 15 万桶的石油收益，而巴林国内每天仅生产 3.8 万桶，沙特阿拉伯另外日补偿 5 万桶的收入。2004 年，阿布萨法油田的石油日产量达到 30 万桶，巴林得到的石油日产量仍为 15 万桶。但因为巴林与美国签订双边贸易协定引起沙特阿拉伯不满，沙特阿拉伯停止供给巴林额外的 5 万桶石油。

巴林国内逊尼派和什叶派的教派分歧和族群矛盾使得巴林政府对邻国沙特阿拉伯和伊朗的关系十分敏感，二者的亲疏严重制约着巴林外交政策。沙特阿拉伯长期以来一直主导着巴林对外政治、经济等层面的行动，1986 年两国建立堤道以后，沙特阿拉伯对巴林的影响加强。2003 年以来巴美关系的日益亲密，使沙特阿拉伯十分恼火。在沙特阿拉伯看来，《美国-巴林自由贸易协定》威胁到了海湾合作委员会这一地区组织。但是沙特阿拉伯并没有对巴林采取惩罚性的措施，也没有与巴林断绝联系，只是违背巴林的意愿扩大阿布萨法油田的产量。

第四节 与周边主要国家关系

一 巴林与伊朗的关系

整个 20 世纪，伊朗一直是巴林的外部威胁。基于两国历史上的亲密联系，伊朗一直想把巴林纳入其政治版图，这一想法在伊朗伊斯兰革命后再次复活。1981 年底，巴林和伊朗的关系降到了冰点，当时伊朗支持的伊斯兰激进势力试图在巴林国内煽动反哈利法家族的民众骚乱。在逮捕了这些煽动者以后，巴林与伊朗的关系进行了适应性调整，两国关系的解冻表示海湾国家与伊朗的潜在对抗性正在降低，这也表明巴林在处理地区事务上，采取更灵活、务实、大度、宽容的对外政策。

早在 1927 年，伊朗政府就抗议英国与巴林发展关系。伊朗就此事向国际联盟申诉，认为历史上的巴林一直在伊朗的统治范围之内。国际联盟拒绝考虑伊朗的要求，1930 年和 1946 年，伊朗再次进行了抗议活动。

20 世纪 70 年代，英国军队从海湾地区撤退，伊朗再次向联合国提出对巴林的主权要求。1970 年春，联合国秘书长吴丹任命特别专门委员会来确定巴林民众是否愿意与伊朗统一。经过对巴林本土民众的调查，专门委员会得出结论，巴林民众实际上赞同成立一个拥有主权的独立国家。

1970年5月，联合国安理会批准委员会报告，伊朗宣布放弃对巴林岛的主权要求，集中精力去夺取作为通往海湾门户的三岛：阿布穆萨岛和大小通布岛。

1979~1981年末，伊朗官员访问巴林和其他海湾国家，以缓和伊朗南部边界的紧张局势。同时，伊朗国内的军事派别支持巴林国内的反政府组织，反对哈利法家族的统治。1981年，巴林侦破了一起暗杀政府官员的案件，刺客得到伊朗的训练和支持。同年2月初，在海湾国家外交部部长会议上，巴林外交部部长主张对伊朗采取强硬措施，要求海湾国家停止与伊朗的正常经济和外交往来。但这一建议被其他国家否定，理由是这会对伊朗造成刺激。

两伊战争爆发后的前几周，由于伊拉克不能对伊朗取得决定性胜利，巴林外交政策发生了一些转变。首先，巴林与伊拉克开始保持距离，宣布在两国间保持中立。其次，巴林政府寻求同海湾国家合作，并向沙特阿拉伯靠拢。最后，巴林鼓励阿拉伯各国在领土防御方面扮演更积极主动的角色。

1980年11月中旬，巴林政府抗议伊朗对伊拉克的空中袭击，并没有表示支持伊拉克，而是依靠沙特阿拉伯在海湾国家之间实施比较安全的对外政策。1981年2月，海湾6个君主国在利雅得召开外交大臣会议，巴林同意建立地区组织，以为海湾国家的经济、社会和文化合作提供制度基础。

1997年，哈塔米当选伊朗总统，两国关系出现缓和迹象。2002年8月17日，哈马德国王对伊朗进行正式访问，两国发表声明，反对美国军事打击伊拉克。这是自伊朗伊斯兰革命以来，巴林首脑第一次访问伊朗。2003年5月，伊朗哈塔米总统回访巴林。

2005年10月，巴林外交大臣哈立德与到访的伊朗外交部部长穆塔基在麦纳麦会谈后发表联合公报，双方对伊拉克安全局势表示忧虑，强调国际社会应该做出更大努力，以实现伊拉克安全与和平。关于伊朗核问题，巴林认为伊朗有和平利用和发展核能的权利，希望一切核活动应置于国际原子能机构的有效监管下，并确保限于民用。巴林外交大臣哈立德在会谈中强调，必须保证伊朗的安全与和平，要求国际社会依据《不扩散核武器条约》公开、透明地解决伊朗核问题。

二 巴林与印度的关系

巴林自独立以来与印度外交关系的一个显著特点就是平稳发展，没有任何潜在紧张的迹象。二者关系主要表现在历史上的联系、政治领域的互助、经济与技术范围的合作以及文化上的交往。

早在古代时期，印度与巴林就形成了友好关系，两个地区的历史交往可以追溯到印度文明时期。双方交往的主要媒介是贸易与商业，最近的考古发掘已经证实了这一点。几个世纪以来，巴林人一直将孟买视为自己的第二故乡，大量巴林人都会说乌尔都语和北印度语。16世纪，印度商人对巴林的贸易很感兴趣。20世纪以来，许多印度人在巴林建立了自己的商业网络。独立后的印度与巴林的关系更为友好，并在各个层面展开合作。

地缘上的接近与古代贸易联系的频繁促进巴林与印度文化上的深层交往。1975年，两国签署了文化协议，规定两国通过科学家、学者、新闻记者、艺术家的互访，在教育、科学与文化层面进行合作。两国还在考古研究、信息沟通以及教育、科学与文化展览等方面进行合作。

1981年，巴林埃米尔访问印度，双方签署了第一个文化交流项目协议。双方同意两国的房地产公司与电影代理商进行合作，印度还在巴林举行印度电影周。印度与巴林在考古方面合作密切，1985年，印度考古专家访问巴林，并帮助巴林进行考古挖掘，这些考古资源从实践上证明了两国的历史交往。

巴林与印度领导人在政治立场、观点上的共识，在地区、国际重大问题上的一致为两国的经济合作与发展构筑了坚实的基础。独立后的巴林同印度在住房、卫生、交通、电力、建筑等领域加强合作。1990~1996年，印度与巴林的贸易与经济关系迅速增长，然而这种增长的态势并不平衡。印度从巴林进口量增加较快，出口量增加较慢。巴林从印度进口的消费品数量较少。在合资企业方面，大多数企业都在巴林，而在印度的数量较少。印度劳工在巴林较多，也是两国经济交往的媒介。

进入21世纪以来，两国的贸易交往范围进一步扩大。2007年12月13~14日，巴林海湾金融公司与印度马哈拉施特拉邦政府在孟买签订了投资100亿美元兴建工业区的项目协议。工业区位于孟买郊区，占地面积1600英亩（相当于

6474970.27584 平方米），招商对象为软件、电信及娱乐行业。双方于 2006 年签订的能源城项目，并入工业区项目。

第五节　与中国的友好关系

巴林于 1989 年 4 月 18 日与中国正式建立外交关系。建交以来，两国关系发展顺利。巴林对中国友好，重视中国大国地位。巴林积极参与"中阿合作论坛"活动，先后承办论坛第三届部长级会议、"中阿新闻合作论坛"等，还主办了中国-海湾国家经贸合作论坛。

一　巴林与中国的外交关系

（一）建交前巴林与中国的交流

巴林独立后，中巴两国政府开始接触。1971 年 8 月 23 日，周恩来总理派特使会见巴林埃米尔伊萨·本·萨勒曼·哈利法，代表中国政府庆贺巴林的独立。8 月 24 日，伊萨埃米尔回复周恩来总理，感谢中国政府对巴林的庆贺和承认。但是巴林跟随西方和沙特阿拉伯的立场，并没有同中国建交。

中华人民共和国成立后的前 30 年，中国和巴林的政治交往史一片空白，不过中国政府还是通过外交声明支持巴林的正义行为。1988 年后，两国的政治交往进入了新阶段。同年，受巴林外交部的邀请，中国外交部亚非司司长杨福昌访问巴林。杨福昌受到巴林埃米尔伊萨的热情接见，双方表达了改善关系的想法，巴林埃米尔赞赏中国对阿拉伯事业的支持。杨福昌分别会见了巴林首相哈利法·伊本·萨勒曼、外交大臣穆罕默德·本·穆巴拉克。

中国和巴林的贸易交往开始于 20 世纪 50 年代末。1956~1959 年，中国出口到巴林的商品价值为 26 万美元。20 世纪 70 年代，两国的贸易额升到 2.92 亿美元，其中 86%是中国出口巴林的份额。1980~1988 年，两国的贸易额为 1.98 亿美元，中国出口仍在两国的贸易平衡中处于主导地位。不过，中国与巴林在 20 世纪 80 年代的贸易额少于 20 世纪 70 年代。20 世纪 80 年代，世界油价下跌，影响了巴林进口商品的数额，这是中巴之间贸易发展放慢的主要原因。1984 年 10 月，巴林商业部组织巴林商人访问中国，并会见了中国国际信托投资公司副总裁荣毅仁。这次访问的目的在于增进相互了解、促进合作。1988 年 11 月 23~25 日，中国在麦纳麦举办中国商品出口展销会。在 1989 年建交以前，两国的联系仅限于经济和社会层面的接触，官方的政治接触较少。

(二) 中国与巴林建交

20 世纪 80 年代以来，巴林与中国的交往一帆风顺，交往的内容、深度、质量较以前有明显提高。20 世纪 80 年代中期，巴林开始采取同中国亲善的外交政策。1989 年 4 月 17 日，中国驻科威特大使管子怀与巴林外交部政治司司长阿里·马哈鲁斯分别代表本国政府签署了建交联合公报，宣告 1989 年 4 月 18 日中国与巴林正式建立外交关系。同年，巴林第一任驻华大使侯赛尼·拉希德·萨巴赫向中华人民共和国主席递交了国书。1989 年 12 月 11 日，中国驻科威特全权大使管子怀向巴林埃米尔递交了国书。

巴林决定同中国建交取决于以下因素。第一，巴林感到中国作为联合国安理会常任理事国在国际政治中的影响力和分量。第二，巴林同中国台湾的交往仅限于经济等层面，没有超越政治，因此台湾问题并没有限制巴林同中国建交。

1989 年 4 月 18 日，中华人民共和国与巴林建立大使级外交关系。两国备忘录强调两国将在和平共处、平等、互不干涉内政、相互尊重国家主权和领土完整的原则基础上建立外交关系，加强双方的友好合作。中国外交部部长钱其琛在给巴林外交大臣穆罕默德·伊本·穆巴拉克·哈利法的信中指出，中国和巴林建交完全符合两国人民的根本利益，希望两国人民能够友好合作，共创辉煌。

（三）建交后中国与巴林的交流

多年来，两国政治、经济、文化等领域的友好合作关系得到不断发展，在许多重大国际、地区问题上有着相同或相似立场。国务委员兼外长钱其琛（1990 年），国务院副总理李岚清（1993 年），国务委员吴仪（2002 年）、全国人大常委会副委员长、全国妇联主席顾秀莲（2005 年），全国政协主席俞正声（2014 年）等相继访问巴林。巴林首相哈利法（2002 年）、国王夫人赛碧凯（2002 年）、副首相兼外交大臣穆罕默德（2004 年）等先后访华。

1989 年 7 月 15 日，巴林外交大臣穆罕默德·伊本·穆巴拉克·哈利法访问中国，这是两国建交后来访的巴林第一位高官。他与中国外交部部长钱其琛进行了会谈，双方讨论了扩大政治、经济联系的渠道和手段，就地区和国际领域内的问题交换了看法，并签署经济、贸易和技术合作的协议。同年 9 月，中国外交部部长在联合国会见了巴林外交大臣，就伊拉克入侵科威特问题进行讨论，要求伊拉克无条件从科威特撤军。

1990 年，巴林外交大臣访问中国期间，双方签署了一系列协议，包括经济、贸易和技术合作，协议要求两国在建筑、化工、石化、轻工业、公共卫生、农业和渔业方面展开合作。合作的形式包括合同项目、劳工服务、技术交换、合资企业、人员培训和贸易展览。中巴两国建立了经贸技术合作委员会，尽管两国一直强调增加贸易额，但 20 世纪 90 年代以来的贸易规模小于 20 世纪 70 年代。在两国的进出口贸易中，中国的出口占主导，出口物品有丝织品、化工产品和食品，中国进口巴林商品主要以铝产品为主。

1993 年 5 月，中国外交部副部长杨福昌访问巴林，与巴林外交大臣协商了两国在贸易、技术和文化领域合作等问题。5 月 22 日，巴林埃米尔和首相接见了杨福昌。7 月，中国副总理李岚清访问巴林，他是中国访问巴林的最高级别官员。

1994 年 9 月，巴林协商委员会主席伊卜拉欣·呼玛丹率领代表团访问中国，全国政协主席李瑞环会见代表团。在谈话中，双方表达了促进政治、经济、金融和其他领域交往合作的构想。1997 年 5 月，巴林水电大臣朱马访华。10 月，中国电力工业部副部长汪恕诚访问巴林。11 月，中国外交部副部长田曾佩访问巴林。1998 年 2 月，巴林交通

大臣阿里访华。4月，吴铨叙副总参谋长率军事代表团访问
巴林；巴林水电部次大臣哈里德访华。

2002年5月17日，巴林王国首相哈利法·本·萨勒曼·哈利法应朱镕基总理的邀请来华访问。同日下午，江泽民主席、全国人大常委会委员长李鹏在人民大会堂会见了来访的巴林首相哈利法，会见进一步增进了两国人民之间的相互了解，为中巴各领域的友好合作掀开新篇章。

2006年3月，胡锦涛主席就巴林游船沉没事件向哈马德国王致慰问电。5月，李肇星外长访问巴林，巴林外交大臣哈立德来华出席中国–阿拉伯国家合作论坛第二届部长级会议。

2008年5月21日，巴林国王哈马德在巴林首都麦纳麦会见了出席中阿合作论坛第三届部长级会议的中国外交部部长杨洁篪。双方愿在相互尊重、平等互利基础上，继续增进两国政治互信，深化经贸合作，促进人文交流，将中巴友好关系提高到新水平。

早在1990年7月，两国就成立了经济、贸易、技术混合委员会，并分别于1993年、1996年和2002年召开了混委会会议。两国签署了一系列双边协议，包括两国政府的经济、贸易、技术合作协定（1990年），文化合作协定（1991年），卫生合作执行计划（1994年），互相给予最惠国待遇换文（1995年），民用航空运输协定（1998年），鼓励和互相保护投资协定（1999年），互免空运企业国际运输收入税收协定（1999年），劳工与职业培训合作协定（2002年），对所得避免双重征税和偷漏税协定（2002年），关于

在巴林设立中国投资与经济服务中心的谅解备忘录（2002年）。

二　巴林国王访问中国

应中华人民共和国主席习近平的邀请，巴林王国国王哈马德·本·伊萨·阿勒哈利法于 2013 年 9 月 14~16 日对中国进行国事访问。访问期间，习近平主席同哈马德国王举行了双边会谈，国务院总理李克强会见了哈马德国王一行。哈马德国王还赴宁夏回族自治区出席了首届中国-阿拉伯国家博览会开幕式。在宁夏出席中阿博览会期间，全国政协主席俞正声、政协副主席王正伟会见了哈马德国王。

9 月 16 日，国家主席习近平在人民大会堂同巴林国王哈马德举行会谈。两国元首就深化中巴关系及共同关心的国际、地区问题深入交换意见，达成重要共识。

习近平表示，巴林是中国在中东海湾地区重要合作伙伴，我们在发展双边关系时，一直坚持相互尊重，以诚相待。中巴已成为相互信赖的好朋友和真诚合作的好伙伴。面对当前国际和地区形势深刻复杂变化，两国应该共同致力于构建长期稳定的友好合作关系。习近平提出以下内容。第一，增进政治互信。双方要在涉及彼此核心利益问题上相互支持。中方尊重巴林独立、主权和领土完整，支持巴方维护国家稳定的努力，实现国家长治久安。第二，深化务实合作。双方可以结合各自发展战略，推进经贸、金融、通信、农牧渔业、新能源、基础设施建设等领域合作，中方愿为巴方培训更多专业人才。第三，扩大人文交流。中方将在巴林开设孔子学院，同巴方互办"文化周"，加强民间特别是青年交往。中方正在积极考虑将巴林列为中国公民出境旅游目的地国家。第四，密切多边合作。希望双方在中阿合作论坛框架下加强合作，共同推动中国－阿拉伯国家关系发展。中方愿同巴方就重大全球性问题和地区热点问题保持沟通协调，共同维护地区和平稳定和发展中国家利益。

习近平指出，中国和海湾合作委员会互为重要政治、经贸、能源合作伙伴。双方应该建立紧密、全方位友好合作关系，这符合彼此共同利益。双方要尽早重启中海自由贸易区谈判，尽快达成双赢协定。双方还要共同搞好中海第三轮战略对话。巴林是海合会2013年轮值主席国，希望巴方为推动中海关系发展发挥积极作用。

哈马德表示，我来到中国有宾至如归的感觉。这是因为巴中两国人民传统友谊深厚。24年前，巴林冲破阻力，毅然决定同中华人民共和国建交。事实证明，这是完全正确的。中国的发展在世界上树立了典范。巴林及阿拉伯国家钦佩中国，感谢中方支持。当前，世界并不太平。巴中两国都热爱和平，都主张通过对话谈判解决争端。巴方愿同中方一道，为维护世界和地区和平稳定做出更大贡献。

哈马德表示，巴林愿同中方加强各领域合作，完全赞同中方有关建议，相信双方要签署的一系列协议必将有力提升两国合作水平。巴方积极致力于海合会同中国关系发展，将努力推动早日建立海中自贸区。巴林及海合会愿就重大国际及地区问题同中国加强沟通协调。

三　中国与巴林的经贸关系

中国与巴林自 20 世纪 50 年代起建立贸易关系。据中国商务部统计，2015 年，中国与巴林双边贸易额为 11.24 亿美元，其中中国出口额为 10.12 亿美元，出口产品主要是机电产品、钢材、纺织服装等；中国进口额为 1.12 亿美元，进口产品主要是铁矿砂、铝、液化石油气等。截至 2015 年末，中国对巴林直接投资存量为 387 万美元。

1989 年 4 月中巴建交以来，两国政治关系友好，经贸往来频繁，双边贸易额增长较快。1990 年 7 月，中巴两国在北京成立经济、贸易、技术混委会，签订了《中巴经济、贸易、技术合作协定》，之后双方分别于 1993 年、1996 年和 2002 年召开了混委会会议。据巴方统计，2000 年巴林从中国进口商品主要有：棉布（2956 万美元），高纯度未锻轧镁（388 万美元），玩具（276 万美元），计算机设备零件（226 万美元），针棉织品（186 万美元）。2001 年，中国对巴林进出口总额近 1.3 亿美元，比上年增长 7.1%。其中出口额为 5209 万美元，进口额为 7768 万美元。2006 年，中巴贸易总额为 3.49 亿美元，同比增长 36.3%。其中，中方出口额为 2.84 亿美元，出口产品主要是机电产品、纺织品和服装、食品等；中方进口额为 0.65 亿美元，进口产品主要是未锻造的铝及铝材、液化石油气、棉纱线等。2007 年 5 月 27 日，巴林向中国企业抛出橄榄枝，希望吸引中国企业成为巴林投资港的一员。这是巴林投资港中国行的第一站。巴林投资港是巴林最具开创型的综合型投资区，集自由贸易和工业于一体，园区总面积达170万平方米，可容纳2万名就业人口。2011年中巴双边贸易额为12.1亿美元，同比增长14.7%。其中我国出口额为8.8亿美元，同比增长10.1%，出口产品主要是机电产品、钢材、纺织服装等；我国进口额为3.3亿美元，同比增长29.3%，进口产品主要是铁矿砂、铝、液化石油气等。当年我国企业在巴新签承包劳务合同额为205万美元，同比下降91%；完成营业额1519万美元，同比下降83%。截至年底，我国企业累计在巴签订承包劳务合同额为24256万美元，完成营业额23629万美元，年底在巴工程劳务人员400余人。目前，中国产品已占据巴林5%的进口市场（进口石油贸易除外），其质优价廉已成为多数巴林商人的共识，其吸引了越来越多巴林人的注意，赴华商务考察、参加广交会的巴林商人数量增加。

我国在巴林的主要中资企业有：中国建筑工程总公司、华为技术有限公司、中兴通讯股份有限公司、中国银行、沈阳远大铝业工程有限公司、北京江河幕墙股份有限公司、中国港湾责任有限公司、中国石油勘探公司等。华为技术有限公司于2009年将中东地区总部由迪拜迁至巴林，在巴林员工约500人，负责巴林、沙特、阿联酋、科威特、卡塔尔、阿曼、伊拉克、巴基斯坦、也门、伊朗和阿富汗11个国家的业务。华为在巴林经营出色，与三家移动运营商均建立了良好的合作关系，是巴林电信市场上最具竞争力和解决方案的提供商之一。

随着中巴双方经贸领域的合作与交流的不断推进，两国之间的双边、多边合作论坛也应运而生，如每年一届的中阿合作论坛和部长级会议、中国海湾经贸合作论坛、中阿经贸博览会、麦纳麦对话会议等。近年来，在巴林各领域任职或打工的中国人逐年增多，他们工作在当地的企业、酒吧、餐厅、建筑业等，目前在巴林的中国侨民约 2000 人。

参考文献

［1］韩志斌等编著《列国志（新版）·巴林》，社会科学文献出版社，2014。

［2］杨伟国、王厓芬：《中国驻中东大使话中东：巴林》，世界知识出版社，2012。

［3］巴林国驻华使馆：《前进道路上的巴林》，1997。

［4］董友忱主编《万国博览·亚洲卷》，新华出版社，1998。

［5］〔苏联〕瓦·拉·波将斯基：《巴林》，人民出版社，1974。

［6］赵国忠主编《简明西亚北非百科全书·中东》，中国社会科学出版社，2000。

［7］钟志成：《中东国家通史·海湾五国卷》，商务印书馆，2007。

［8］地球在我脚下：《"画"中东：行走中东十三国》，武汉出版社，2012。

［9］刘竞、安维华:《现代海湾国家政治体制研究》，中国社会科学出版社，1994。

［10］彭树智:《中东国家和中东问题》，河南大学出版社，1991。

［11］陈建民:《当代中东》，北京大学出版社，2002。

后　记

　　当今世界是一个开放的世界，对于一个国家、一个地区来说，开放程度决定发展空间，开放进度决定发展速度，开放深度决定发展水平。随着中国同欧亚国家关系的快速发展，"一带一路"倡议日益焕发出生机与活力。2013 年 9 月，习近平主席出访中亚四国，将古代中国与中亚各国的历史联系与当代中国和中亚各国发展现实需求紧密联系起来，提出建设"丝绸之路经济带"构想。2013 年 10 月，习近平主席在印度尼西亚国会发表重要演讲时明确提出，中国致力于加强同东盟国家的互联互通建设，愿同东盟国家发展好海洋合作伙伴关系，共同建设"21 世纪海上丝绸之路"。2014 年 6 月，习近平主席出席中阿合作论坛第六届部长级会议开幕式并发表重要讲话，强调"一带一路"是中阿互利共赢之路，提出构建"1+2+3"的合作格局，这引发国内外高度关注，国内战略研究专家视之为中国未来 30 年开放的重要战略目标和平台。

宁夏回族自治区地处"丝绸之路经济带"建设的重要区位，宁夏特定的民族人口构成、社会文化底蕴、经济发展态势和特殊资源环境，决定了其在"丝绸之路经济带"建设和中阿合作中可扮演重要角色。2012 年 9 月，李克强总理在第二届中阿经贸论坛上宣布，建设宁夏内陆开放型经济试验区和银川综合保税区，赋予宁夏"先行先试"政策，并将中阿经贸论坛升格为中阿博览会。阿拉伯国家是我国"一带一路"倡议的重要组成部分，中国与阿拉伯国家的经贸文化交流与合作也是我国对外开放中的重要内容。中阿政治、经贸合作的迅猛发展要求文化交流和相互认知不断加强，关于阿拉伯国家基本国情、传统文化、当代文学等主题的图书也就成为重大需求，在此背景下宁夏社会科学院获准立项"阿拉伯国家经贸文化丛书"，以充分发挥地方社会科学院新型智库的作用。

按照丛书编委会的安排，由我编著《巴林经贸文化》一书。在本书编写过程中，宁夏社会科学院回族伊斯兰教研究所两任所长丁克家、马金宝给予我许多指导，马敏、马燕等人为丛书的编写做了大量的服务工作；在本书编写过程中，我参阅了大量前人的力作，援引了研究者们的诸多成果；初稿完成后评审专家提出了宝贵的修改意见，这对本书的完善大有裨益。在此，对本书撰写、修改、出版过程中给予我指导、帮助和服务的各位专家、编辑等工作人员表示由衷的感谢。对于书稿撰写过程中，由于资料相对匮乏，加之本人水平所限而出现的错漏之处，深表歉意。希望本书能对大家了解巴林经贸文化有所收获！

图书在版编目（CIP）数据

巴林经贸文化 / 李文庆编著. -- 北京：社会科学
文献出版社，2017.12
　（阿拉伯国家经贸文化丛书）
　ISBN 978-7-5201-1941-2

　Ⅰ.①巴…　Ⅱ.①李…　Ⅲ.①巴林-概况　Ⅳ.
①K938.6

中国版本图书馆 CIP 数据核字（2017）第 298732 号

·阿拉伯国家经贸文化丛书·

巴林经贸文化

编　　著 / 李文庆

出 版 人 / 谢寿光
项目统筹 / 祝得彬
责任编辑 / 王小艳　王春梅

出　　版 / 社会科学文献出版社·当代世界出版分社（010）59367004
　　　　　地址：北京市北三环中路甲 29 号院华龙大厦　邮编：100029
　　　　　网址：www.ssap.com.cn
发　　行 / 市场营销中心（010）59367081　59367018
印　　装 / 三河市尚艺印装有限公司

规　　格 / 开本：839mm×1194mm　1/32
　　　　　印 张：5.5　插 页：0.375　字 数：100 千字
版　　次 / 2017 年 12 月第 1 版　2017 年 12 月第 1 次印刷
书　　号 / ISBN 978-7-5201-1941-2
定　　价 / 48.00 元